BIRGIT
KOFLER

MEIN MANN HAT EINE EX

EIN RATGEBER FÜR ZWEITE FRAUEN, STIEFMÜTTER UND ANDERE UNVERSTANDENE WESEN

UEBERREUTER

Die Deutsche Bibliothek – CIP-Einheitsaufnahme

Kofler, Birgit:
Mein Mann hat eine Ex : ein Ratgeber für zweite Frauen, Stiefmütter
und andere unverstandene Wesen / Birgit Kofler. –
Wien : Ueberreuter, 2001
ISBN 3-8000-3798-X

AU 0544/1

Umschlaggestaltung: Zembsch' Werkstatt, München, unter Verwendung eines Bildes von Frank P. Wartenberg / Picture Press

Druck: Druckerei Theiss GmbH, A-9400 Wolfsberg
7 6 5 4 3 2 1

Ueberreuter im Internet: www.ueberreuter.de

INHALT

ZU DIESEM BUCH

Eine Frage wurde mir in den vergangenen Wochen und Monaten besonders häufig gestellt: Wie kommt es, dass eine Kommunikationsberaterin, die üblicherweise ihre Zeit damit verbringt, PR- und Lobbying-Strategien für ihre Auftraggeber auszutüfteln, ein Buch über zweite Frauen schreibt?

Ganz einfach: Weil ich eine »Zweite« bin, weil viele meiner Freundinnen und Bekannten »Zweite« sind, weil wir »Zweiten« immer mehr werden und trotzdem kaum jemand unsere Probleme ernst zu nehmen scheint. Weil wir ein nicht nur von den Exfrauen unserer Lebensgefährten oder Ehemännern geschürtes schlechtes Image haben, das es den Realitäten anzupassen gilt. Weil das Herz einer sich zeitgemäß dünkenden Fraktion der »Frauenbewegung« primär für die »Erstfrauen« unserer Männer schlägt, mit deren »Hinterlassenschaften« wir uns konfrontieren müssen – in aller Regel Kinder und Geldknappheit. Dazu kommen Unterhalts-Gesetze, die zum Teil wirken, als müssten sie aus dem 19. Jahrhundert stammende, grundsätzlich bemitleidenswerte Exfrauen versorgen. Und weil ich davon überzeugt bin, dass wir »Zweiten« uns mehr Gehör verschaffen müssen.

In all den Jahren, die ich nun schon mit meinem »Gebrauchtmann« und seinen beiden Söhnen durchlebt – und manchmal auch durchlitten – habe, habe ich mir oft ein einschlägiges Ratgeberbuch gewünscht. Sei es, um mir Tipps zu holen, wie schwierige Situationen leichter zu bewältigen sind, sei es, um einfach das Gefühl zu haben, dass ich mit meiner gelegentlichen Ratlosigkeit nicht allein dastehe. Und irgendwann verdichtete sich dieser Wunsch zum Entschluss, selbst ein solches Buch zu schreiben.

Endgültig überzeugt von dieser Idee war ich in dem Moment, als ich anderen über dieses Projekt zu erzählen begann: Bei vielen

Frauen – und durchaus auch Männern – stieß der Plan, ein Buch über und für zweite Frauen zu schreiben, auf große Begeisterung. Nicht zuletzt auch bei meiner Verlegerin Johanna Rachinger, die mit ihrem Enthusiasmus den letzten Anstoß gab, das Buch in Angriff zu nehmen.

Dieses Buch ist keine wissenschaftliche Abhandlung und keine empirische Untersuchung. Es ist eine alltagsempirische Beschreibung, die von meiner eigenen Erfahrung und Beobachtung lebt, von Tipps und Hinweisen psychotherapeutisch ausgebildeter zweiter Frauen und von den mehr als 70 Interviews und Fallgeschichten, die ich in Österreich, Deutschland und der Schweiz zusammengetragen habe.

Ohne den wertvollen Rat erfahrener Expertinnen wäre dieses Buch nicht zu Stande gekommen, wofür ich ihnen an dieser Stelle herzlich danken möchte:

Wissenschaftliche und psychotherapeutische Beratung:

Univ.-Prof. Dr. Karin Gutierrez-Lobos, Psychiaterin und Psychotherapeutin, Universitätsklinik für Psychiatrie, Wien
Elena Fitzthum, Psychotherapeutin, Wien

Rechtliche Fachberatung:

Dr. Erika Furgler, Rechtsanwältin, Wien
Dr. Vera Scheiber, Rechtsanwältin, Wien
Anne Böttcher, Rechtsanwältin, Heidelberg

Außerdem bedanke ich mich bei all jenen zweiten oder dritten Frauen und Teilzeit- oder Vollzeitstiefmüttern, die mir in spannenden und aufschlussreichen Gesprächen ihre Erfahrungen zugänglich gemacht haben und deren Geschichten – auf ihren Wunsch in den meisten Fällen in anonymisierter Form – hier erzählt sind. Ihre Erinnerungen, Gedanken, Bekenntnisse und Tipps machten das Buch erst praxisorientiert, lebensnah und zu einem echten Ratgeber von Betroffenen für Betroffene.

Und schließlich danke ich meinem »Secondhand«-Mann Roland und meinen Teilzeit-Stiefsöhnen Nicholas und Rafael, ohne die ich wohl nie auf die Idee gekommen wäre, dieses Buch zu schreiben.

Birgit Kofler
Wien, im Februar 2001

WORUM ES GEHT

Die Spezies der »zweiten Frau« ist längst keine im Verborgenen blühende Randgruppe mehr. Frauen, die sich auf das Experiment einer Beziehung mit einem getrennten oder geschiedenen Mann samt seiner Ex und häufig auch seinen Kindern einlassen, haben es in einigen Ländern immerhin an die Seite der Staatsspitzen gebracht. Gäbe es in unseren Breiten Organisationen wie den kanadischen »Second Wives Club« oder die kalifornische »Second Wives Crusade« – Selbsthilfegruppen von zweiten Frauen, die gegen Verleumdungen, Einmischung und Habgier der Ersten mobil machen –, sie könnten mit prominenter Mitgliedschaft rechnen. Doris Schröder-Köpf, die Frau des deutschen Kanzlers, Österreichs First Lady Margot Klestil-Löffler, Nicola Leske-Fischer, die Gattin des deutschen Außenministers, Dagmar Koller, die Frau des früheren Wiener Bürgermeisters, die Ehefrau des Salzburger Landeshauptmanns Heidi Schausberger, die neue Liebe des deutschen Verteidigungsministers, Kristina Gräfin Pilati-Borggreve – sie alle teilen ihr Leben mit einem Mann, der bereits im mindestens zweiten Anlauf den Bund fürs Leben wagte. Und müssen dabei die Erfahrung machen, dass Prominenz und höchste Kreise nicht vor jenen Kalamitäten schützen, denen auch ganz normalsterbliche Frauen an der Seite von Secondhand-Männern ausgesetzt sind.

Prominente Zweite

Doris Schröder-Köpf beispielsweise blieb es nicht erspart, in mehr oder weniger bunten Gazetten Spekulationen darüber nachlesen zu müssen, wie lange sie denn bereits vor seiner offiziellen Trennung in ehebrecherischer Weise ihrem prominenten Mann zugetan war und

ob sie ihn nicht gar per Schwangerschaft aus der früheren Ehe herausgelockt hatte. Hatte sie nicht, aber für eine Story war es allemal ebenso gut genug wie die öffentliche Klage ihrer Vorgängerin, Schröder sei sehr zurückhaltend mit seinen Unterhaltszahlungen.
Dass zweite Frauen für das Glück an der Seite ihres Traummannes nicht nur jede Menge an Ablehnung, Klischees und Vorurteilen in Kauf nehmen, sondern mitunter auch in anderer Hinsicht einen hohen Preis zahlen müssen, ist eine Erfahrung, die auch Margot Klestil-Löffler nicht erspart blieb. Die medial zur »Scheidung des Jahres 1998« hochstilisierte Trennung des österreichischen Bundespräsidenten brachte seiner Exgattin nach öffentlich zelebriertem Rosenkrieg nicht nur den Titel »Frau des Jahres« ein, sondern neben Sparbüchern und Wohnungen auch eine komfortable Monatsapanage in fast exakt jener Einkommenshöhe, wie sie dem Präsidenten selbst zum Leben bleibt. Für die zweite Frau Klestil ist ein bequemes Leben auf Regie des Gatten nicht mehr drinnen: »So kommt es zur kuriosen Situation«, war im Wiener Nachrichtenmagazin »News« nachzulesen, »dass die Diplomatin Löffler mehr verdient, als dem Präsidenten nach Abzug der Zahlungen an Edith Klestil netto am Konto bleibt. Noch kurioser ist, dass, wie die Hofburg bestätigt, die neue First Lady auf ihren Broterwerb als Beamtin angewiesen ist.«
Und auch vor öffentlich ausgewälzter Feindseligkeit der Ex ist die First Lady nicht gefeit. »Da war mir sofort klar«, ließ die Vorgängerin anlässlich der Hochzeit ihrer Tochter die Nachfolgerin per Interview wissen, »dass da die andere sich wichtig machen wird.«

Massenphänomen »zweite Frau«

Frauen, die einen Mann mit Vergangenheit lieben, sind natürlich nicht nur in höchsten Kreisen repräsentiert, sondern inzwischen beinahe schon zum Regelfall geworden. Wie viele der Gruppe der zweiten Frauen zuzurechnen sind, zeigt ein Blick in die Statistik. Das anspruchsvolle Versprechen angehender Eheleute, einander bis zum Tod treu zu bleiben und bis dahin Seite an Seite zu stehen, wird angesichts der aktuellen Lebensrealitäten immer häufiger zur

Floskel. Heute endet in Österreich und Deutschland schon mehr als jede dritte – in den Ballungszentren sogar jede zweite – Ehe vor dem Scheidungsrichter. Exakt 18 512 Scheidungen verzeichnet die Statistik Österreich für das Jahr 1999 – um 3,8 Prozent mehr als im Jahr zuvor. Mehr als die Hälfte der Paare, die sich trennen oder scheiden lassen, haben minderjährige Kinder. Allein in Deutschland gibt es derzeit rund eine Million Trennungsväter. Die Anzahl der Menschen, die in Fortsetzungsehen oder -familien leben, steigt beständig. Ein hoher Anteil der bestehenden Ehen sind schon Zweitehen, denn zwei Drittel der Geschiedenen heiraten noch einmal. Männer binden sich in aller Regel früher wieder als Frauen.

Strapaziöser Neustart

Eines haben die meisten ihrer neuen Partnerinnen gemeinsam: Frauen, die einen Mann »aus zweiter Hand« lieben, müssen oft genug auch mit seinen Kindern, seiner Ex und anderen »Erbstücken« leben. Denn Männer aus zweiter Hand kommen selten allein. Tut sich frau mit einem Partner zusammen, der eine Trennung oder Scheidung hinter sich hat, handelt sie sich in seinem Schlepptau mühsame Kinder, skeptische Schwiegereltern oder kritische Freunde ein – und natürlich die Ex.

Mit diesen allgegenwärtigen Schatten seiner Vergangenheit fertig werden zu müssen, kann die neue Beziehung auf eine ziemlich harte Probe stellen. Aus der viel versprechenden Liaison mit einem aufregenden Mann entsteht über Nacht ein strapaziöses Beziehungsgeflecht und ein enges Pflichtenkorsett, das einer schon die Luft nehmen kann. Häufig genug wird das Vorleben des Partners zum verminten Gebiet, in dem es vor Psycho-Fallen, finanziellen Engpässen und rechtlichen Unsicherheiten nur so wimmelt. Mit solchen Problemen umgehen zu müssen, liegt für immer mehr Frauen im Trend der heutigen Zeit.

Doch weil sie nach weit verbreiteter Meinung sehenden Auges in diese Situation gegangen sind, können die Zweiten nach wie vor mit wenig Sympathie und Mitgefühl rechnen. Auch die viel bemühte weibliche Solidarität ist meist eindeutig gewichtet: Die Erste, so will es ein auch in politisch korrekten Kreisen weit verbreitetes Klischee, ist das arme verlassene Opfer, die Zweite das ehebrechende Biest. Frauen, die verlassen wurden, werden mit moralischen und rechtlichen Tipps versorgt – ein Privileg, auf das ihre Nachfolgerinnen häufig vergeblich hoffen.

Sympathie nur für Verlassene

Das spiegelt sich dann auch in der Ratgeberliteratur für Frauen wider: Bücher, die sich mit der Situation verlassener oder geschiedener Frauen oder mit dem angeblichen oder wirklichen Leid der »Scheidungswaisen« beschäftigen, füllen ganze Regale. Die Perspektive von Frauen, die sich in einen Mann mit Vorleben verlieben und mit ihm zusammenleben (möchten), bleibt allerdings unterrepräsentiert.

Erstaunlich genug, dass diese einseitige Sicht der Dinge nicht nur die Ratgeber-Literatur und die Schriftenreihen von Ministerien und Beratungsstellen prägen, sondern auch in einem »feministischen« Diskurs nicht unverbreitet sind. Dass sich die eindeutige Verteilung der Sympathie zu Gunsten der vermeintlich schützenswerten verlassenen Ex auf Dauer mit frauenrechtlerischen Konzepten und Werten nicht so wirklich vereinbaren lässt, müsste allerdings langsam nicht nur den von derartiger Frauensolidarität ausgeschlossenen Zweiten dämmern. Denn wer kämpferisch vor allem jene in Schutz nimmt, die vom Verflossenen lebenslange Versorgung erwarten, unterstützt damit auch ein höchst traditionelles Frauenbild, das zu verändern schließlich die Frauenbewegung angetreten ist.

Frauen haben heute ein Maß an Selbstbestimmung, wie sie es in der Geschichte nie zuvor hatten – und daran ändert auch das Lamento vieler Frauenrechtlerinnen nichts, die ihre feministische Prägung in den 70ern erfahren und seither nicht weiterentwickelt haben. Immerhin drei Viertel der Scheidungen werden heute von Frauen eingereicht, Frauen sind heute weniger bereit denn je, Ungemach still zu erdulden und eine Ehe um jeden Preis fortzusetzen. Erstmals in der Geschichte der westlichen Welt können wir uns heute völlig frei entscheiden: für oder gegen einen bestimmten Lebensstil, für oder gegen höchst unterschiedliche Formen der Partnerschaft, für oder gegen Kinder. Frauen können heute eine zur Belastung gewordene Partnerschaft beenden, ohne dadurch gleich in ein soziales oder ökonomisches Tief abzustürzen.

Werden wir doch erwachsen!

Doch die neue Freiheit hat auch ihren Preis: Davon, dass eine Ehe ein Leben lang hält und dass jede, die einmal unter der Haube ist, auch lebenslang versorgt wird, kann heute keine Frau mehr ausgehen. Eine Realität, die viele zweite Frauen – häufig im Gegensatz zu ihren Vorgängerinnen – zur Kenntnis genommen haben oder zur Kenntnis nehmen mussten.
Natürlich ist auch die Situation der Ersten nicht immer ganz einfach. Nicht zuletzt, weil es noch immer jede Menge Männer gibt, die sich nach einer Scheidung aus der Verantwortung stehlen, sich kein bisschen um ihren Nachwuchs kümmern und sich mit verschiedenen Tricks vor ihren Unterhaltspflichten drücken. Allerdings wird das verbreitete Vorurteil von den »verbrecherischen Scheidungsmännern« den Realitäten ganz sicher nicht in jedem Fall gerecht. Tatsache ist eben auch, dass viele geschiedene Männer, mit denen wir Zweite leben, sich durchaus für ihre Kinder engagieren, aber doch auf die Rolle eines fleißigen Zahlers reduziert werden, den es abzuzocken, zu ruinieren und dessen neues Leben es kräftig zu stören gilt. Und weil es in diesem neuen Leben auch eine neue Frau gibt, wird auch sie zur Zielscheibe – ganz wie im zum Kult-Film avancierten Hollywood-Streifen »The First Wives Club«, der in der deutschen Fassung pikanterweise »Club der Teufelinnen« heißt.

Eine Lanze für die Zweiten

Höchste Zeit also, eine Lanze zu brechen für eine andere Gruppe von Frauen: Nämlich für jene, die »Gebrauchtmänner« mit all ihren Altlasten und Problemen übernehmen und damit alles andere als einen einfachen Start ins neue Beziehungsleben haben. Auch wenn sie mit dem Scheitern der ersten Partnerschaften nichts zu tun hatten, müssen sie als neue Partnerinnen alle daraus resultierenden Belastungen mittragen. Und weil die oft beträchtlich sind, scheitern zweite Ehen sogar noch häufiger als die ersten. Dass viele Zweite –

aus Schaden klug geworden – meinen, sie würden sich nicht noch einmal auf ein solches Abenteuer einlassen, ist angesichts der vielfachen Fallstricke rund um einen Gebrauchtmann mehr als verständlich. Durchzuhalten ist ein solcher Vorsatz allerdings kaum. Schließlich sinkt mit zunehmendem Lebensalter die Wahrscheinlichkeit, überhaupt einen Mann ohne Beziehungsaltlasten zu treffen, von Tag zu Tag.

Damit, wenn Sie sich auf das Projekt »zweite Frau« einlassen, guter Rat nicht teuer, sondern leicht verfügbar ist, gibt es dieses Buch. Es ist ein Buch, das durchaus Partei ergreift: Schließlich stellt es die Sichtweise jener Frauen in den Mittelpunkt, die versuchen, mit einem Mann eine Lebensbeziehung aufzubauen, der eine Partnerschaft, Ehe und/oder Familie hinter sich gelassen hat. In diesem Buch geht es auch nicht um Stiefeltern oder Patchwork-Familien im Allgemeinen – es geht um eine bestimmte Perspektive in diesen Konstellationen, nämlich jene der zweiten Frauen. Es richtet sich nicht gegen die Ersten, sondern an die häufig unverstandene Gruppe der Zweiten. Dieses Buch zeigt zweiten Frauen, dass sie mit ihren Sorgen und Problemen nicht alleine stehen und dass die Ursachen der Probleme, die sie sich einhandeln, nicht bei ihnen liegen. Erzählungen von anderen »Second Wives«, Analysen von Expertinnen, Fragen und Tipps sollen Ihnen das Leben als Zweite leichter machen.

Es ist ein Buch für Frauen, die es allen Hürden zum Trotz wagen wollen – oder schon gewagt haben –, ein glückliches Leben als zweite Frauen und Stiefmütter zu führen, und ein Buch für die Männer, die ein erfülltes Leben mit ihnen teilen wollen.

DIE ZWEITE: DER LANGE ARM DER VERGANGENHEIT

Die zweite Frau hat viele Gesichter

Wer von uns Zweiten kennt das Gefühl nicht: Statt wohlig eine neue Liebe auskosten zu können, kommen uns da die unvermeidlichen Schatten der Vergangenheit in die Quere, die ein Mann aus zweiter Hand so mit sich bringt: Zoff mit der Ex, ein nicht immer konfliktfreies Herantasten an seine Kinder, vorwurfsvolle Familien, ein gespaltener Freundeskreis, Sorgen ums Geld. Und dieser tiefe Verdacht, dass ohnehin niemand versteht, wie es uns dabei geht, und dass wir die Einzigen sind, die solche Probleme nicht locker in den Griff bekommen. Weit gefehlt! Es gibt unendlich viel mehr Frauen in dieser Situation, als Sie vielleicht glauben.
Schließlich hat sich die Haltung gegenüber der unauflösbaren und lebenslang währenden Institution Ehe heute grundlegend verändert. Scheidungen sind nicht nur alltäglich geworden, sondern in den meisten westlichen Ländern nach wie vor im Steigen. »Serielle Monogamie« und »Lebensabschnitts-Partnerschaften« haben die lebenslange Einehe als gängiges Beziehungskonzept längst abgelöst. War es früher vor allem der Tod, der Männer eine neue Partnerin – und eine Stiefmutter für ihre Kinder – ins Haus holen ließ, entstehen heute solche Gemeinschaften nicht mehr aus ökonomischem Zwang, sondern einfach, weil zwei Menschen sich neu verlieben und zusammenleben wollen.
Kein Wunder also, dass immer mehr Frauen der Gruppe der »Zweiten« angehören, und das in vielen unterschiedlichen Konstellationen. Vielleicht ist der Mann der Träume noch gar nicht

geschieden, sondern lebt nur getrennt. Vielleicht ist er eben erst am Sprung, von zu Hause auszuziehen, oder seine Frau hat ihn gerade verlassen. Vielleicht hat die Neue schon einige Zeit eine geheim gehaltene Affäre mit ihm, die jetzt offiziell wird. Vielleicht lebt er schon jahrelang als Wochenend-Alleinerzieher. Oder vielleicht hat er auch gerade eine Übergangs-Affäre hinter sich, die ihm als »Schuhlöffel« zum Ausstieg aus dem familiären Ambiente gedient hat.

Sind Sie eine typische Zweite?

Kann es bei so vielen unterschiedlichen Szenarien so etwas wie die »typische Zweite« geben? Präzise wissenschaftlich erforscht ist das – zugegebenermaßen – noch nicht. Aber alltagsempirisch – nicht zuletzt auf Basis der vielen Kontakte und Gespräche bei den Recherchen für dieses Buch – formt sich doch ein Bild, das immer schärfere Konturen annimmt. Vielleicht kommt es Ihnen ja auch bekannt vor? Zweite sind – meiner Erfahrung und Beobachtung nach – oft »gestandene«, selbstbewusste und selbstständige Frauen, sie sind berufstätig und häufig noch nie vorher verheiratet gewesen, sie sind es gewohnt, zuzupacken und sich Herausforderungen zu stellen. Und gerade deshalb setzen sie sich oft auch selbst gehörig unter Druck, nicht zuletzt, weil sie von sich erwarten, dass sie die Probleme mit den Schatten der Vergangenheit ihrer Männer genauso souverän schaukeln müssen wie ihr sonstiges Leben.

Phänomen Wiederholungstäterin

Viele Frauen stehen dabei zum ersten Mal – nach verschiedenen ganz anderen Beziehungserfahrungen – vor dem Experiment, einen Mann mit besonders viel Vergangenheit zu lieben, also samt Ex und Kindern. Es gibt aber zweifellos auch jene unter uns Zweiten, die in die Kategorie der »Wiederholungstäterinnen« einzustufen sind. Wer immer wieder an den gleichen Typ von Gebrauchtmann gerät, ohne mit einem von ihnen glücklich zu werden, sollte dann doch irgendwann einmal den Grund für den fehlenden »Glanz der

Dauer« nicht bei den Männern, ihren Exfrauen oder Kindern suchen, sondern aus nahe liegenden Gründen bei sich selbst. Denn häufig ist das Problem dann nicht der Secondhand-Mann, sondern ein blinder Fleck in der eigenen Beziehungsfähigkeit.

»Ich habe mich schon oft gefragt, warum ich mir das alles antue, warum ich nicht gehe«, fasst die Münchner Sozialwissenschaftlerin Marion, 43, die Schwierigkeiten mit ihrem Mann Peter, einem 53-jährigen Beamten, zusammen. Die beiden sind seit sechs Jahren verheiratet und seither in ihrer Partnerschaft durch viele Höhen und Tiefen gegangen. Häufiger Grund für die Auseinandersetzungen ist die in Paris lebende Mutter von Peters zehnjährigem Sohn. Mit ihr hatte Peter vor – und wahrscheinlich auch zu Beginn – seiner Beziehung mit Marion eine jahrelange, heftige Affäre. Inzwischen hat Marion auch eine Erklärung für ihren Langmut parat. »Da gibt es so ein Muster bei mir. Ich lasse mich gerne umsorgen, das war auch in früheren Beziehungen schon so. Aber das ist teuer erkauft. Vorher war ich sieben Jahre mit einem Mann zusammen, der sich einfach nicht für mich entscheiden konnte und sich nicht von seiner Frau trennen wollte. Peter hat sich offiziell für mich entschieden, auch wenn er in Wahrheit nicht von seiner Ex loslassen konnte. Warum bin ich in dieser Beziehung Wiederholungstäterin? Ich glaube neben anderen Ursachen, weil es mir solche Konstellationen erlauben, mich nie so ganz einlassen zu müssen.«

Abzockerinnen, Biester, Ehebrecherinnen: Beliebte Klischees

Doch ganz unabhängig davon, ob sie zum ersten oder zum wiederholten Mal das Projekt »Second Wive« wagen – eines haben die meisten Zweiten gemeinsam: Die Klischees, denen sie in ihrer neuen Rolle auf Schritt und Tritt begegnen, sind häufig alles andere als schmeichelhaft. Wenn zum Beispiel besonders einfühlsame Zeitgenossen deutlich machen, was sie davon halten, dass frau »nur einen Geschiedenen« abgekriegt hat – ganz so als sei das ein Makel. Oder wenn Eltern oder Freundinnen besorgt nachfragen, wie viel er eigentlich der Ex und den Kindern zahlen muss und ob er denn so überhaupt noch in der Lage wäre, eine neue Familie zu ernähren.

Vielleicht ist Ihnen auch schon das beliebte Vorurteil begegnet, zweite Frauen seien berechnende Geschöpfe, die sich ins gemachte Nest setzen und von dem profitieren, was ihre Männer nur mit Hilfe und auf Kosten der Ersten aufbauen konnten: Ein ziemlicher Hohn für die vielen unter uns, die es mit einem Mann zu tun haben, der monatlich große Teile seines Einkommens auf das Konto der Ex überweist.

Das »Biest«, die »Person«, die »Familienzerstörerin« und »Ehebrecherin« – das sind weitere Klischees, die nicht nur Zweiten allzu vertraut sind, sondern auch meilenweit an der Realität vorbeigehen. Denn viele Zweite – auch viele der Frauen, die in diesem Buch ihre Geschichte erzählen – haben ihren Partner erst lange nach seiner Trennung von der Ex kennen und lieben gelernt. Trotzdem fällt es ihnen nicht leicht, das verfestigte Bild zurechtzurücken. »Eigentlich ist es eine richtige Zumutung«, sagt die 35-jährige Juristin Rosa aus Zürich, die sich in ihren heutigen Mann Ludwig zwei Jahre nach der Trennung von seiner ersten Frau verliebt hat, »dass mir auch nach Jahren immer noch die Frage gestellt wird, ob ich denn der Scheidungsgrund war.«

Der ungerechtfertigte Vorwurf, eine Ehe zerstört zu haben, ist nicht nur ärgerlich, sondern kann auch eine gehörige Vorbelastung im neuen Beziehungsleben bedeuten. Vor allem bei weiblichen Bekannten ist eine Frau schließlich nicht besonders populär, die vermeintlich schon einmal einer anderen den Mann weggenommen hat. So weit geht die Frauensolidarität auch wieder nicht. Natürlich gibt es da auch jene, die tatsächlich irgendwann im Laufe einer Beziehung mit einem verheirateten Mann aus dem Schatten ins Licht treten und von der heimlichen Geliebten und Zweitfrau zur offiziellen zweiten Frau avancieren. Doch selbst diese »Nebenbeziehungen« sind selten der reale Trennungsgrund. Ist eine Beziehung in Ordnung und fühlen sich beide Partner wohl, ist es recht unwahrscheinlich, dass einer sich in eine andere Person verliebt. Einem verbreiteten Klischee zum Trotz kann keine Frau in eine völlig intakte Beziehung einbrechen; nur wenn die Bereitschaft dazu schon da ist, hat die Neue überhaupt eine Chance.

Kirche und Feministinnen: Keiner mag die Zweiten

Zweite Frauen haben in solchen Fällen aber oft nicht nur gegen die traditionellen christlichen Moral- und Familienvorstellungen vom ewigen Zusammenhalt der Ehe anzurennen. Auch die moderne, feministische Moral setzt sie häufig unter Druck: Was früher die Kirche verbot, das verbietet heute missverstandene »Frauensolidarität« – nämlich einer anderen den Mann »auszuspannen«. Eine Doppelmühle, die auch oft die Zweiten dazu verleitet, das alles irgendwann wirklich selbst zu glauben und sich ein schlechtes Gewissen einzuhandeln, weil sie einer Familie den Vater und einer Frau den Mann abspenstig gemacht haben. Bedenken Sie dabei: Sie haben es schließlich mit einem erwachsenen Mann zu tun, der selbst eine Entscheidung getroffen hat und nicht fremdgesteuert in eine neue Beziehung hineingestolpert ist.

Kein Platz für schlechtes Gewissen

Schlechtes Gewissen ist also nicht angesagt – auch wenn er seine Ex verlassen haben sollte, um mit Ihnen leben zu können. Wenn es so ist, dann genießen Sie es, Ihr Leben endlich mit dem Mann Ihrer Träume zu teilen. Schließlich haben Sie dann oft genug vorher versteckt und in Heimlichkeit ausgeharrt.

So wie die 37-jährige Wiener Medizinerin Katharina, die seit sechs Jahren mit ihrem Mann Heinz, 42, ebenfalls Arzt in einem Gemeindespital, glücklich verheiratet ist und nach herkömmlichem Verständnis ein »Scheidungsgrund« war. Zwei Jahre hatte sie eine heimliche Affäre mit ihm, bevor ein gemeinsamer Freund die damalige Frau von Heinz auf die Spur brachte und er nach heftigen Szenen zu Hause aus- und bei Katharina einzog. Für die vormalige Zweitfrau war der Schritt zur offiziellen Nachfolgerin ein kleiner Triumph. »Für mich haben sich ganz wichtige Symbole verändert, als ich von der geheimen Geliebten zur zweiten Frau wurde«, erzählt Katharina heute. »Endlich konnten wir gemeinsam auftreten, ich wurde mit ihm zu Familienfesten eingeladen. Das sind eben typische Kriterien des Zusammengehörens, die ich sehr genossen habe.«

Bedenken Sie in solchen Fällen aber eines: Der Triumph sollte Sie nicht hochmütig machen, sondern aus der Gewissheit, dass er sich für Sie entschieden hat, eher noch verständnisvoller. Das jedenfalls raten erfahrene »Nachfolgerinnen« wie die 62-jährige Lisa, nach 25 Jahren Ehe mit ihrem Mann Tobias eine »altgediente« – und nach Eigendefinition glückliche – zweite Frau: »Es ist ein großer Unterschied, ob die Neue der Scheidungsgrund war oder erst später dazugekommen ist. Ich glaube, dass ein so genannter Scheidungsgrund einfach noch mehr Verständnis für die Probleme der Verlassenen entwickeln sollte. Schon deshalb, weil Dinge wie Trennungsschmerz und Trauer, Wut und Hass, Eifersucht, Überforderung mit der Kindererziehung, Einsamkeit oder finanzielle Belastungen auch ihren Mann massiv betreffen.«

Gemeinsam sind wir stärker

Wie auch immer der Start in das Zusammenleben mit dem Neuen sich im Detail gestaltet, auch ein anderes Merkmal haben viele zweite Frauen gemeinsam: Mit anderen Zweiten haben oder hatten die wenigsten am Beginn der neuen Beziehung Kontakt. »Ich war in erster Ehe nur zwei Jahre verheiratet und dann für zwanzig Jahre Junggesellin, bevor ich Tobias traf«, erinnert sich auch Lisa. »Daher kannte ich vor allem geschiedene und unverheiratete Frauen. Erst im Verlauf meiner zweiten Ehe kam ich in Berührung mit zweiten Frauen und hörte von ihnen, mit wie vielen Problemen sich die alten und die neuen Familien belasten.«
Dieser fehlende Austausch mit anderen Gleichgesinnten hat oft unangenehme Folgen: Viele zweite Frauen glauben, dass sie die Einzigen sind, die mit ihrer Rolle als Zweite und Stiefmutter nicht fertig werden. Sie suchen die Ursachen bei sich selbst – was nicht gerade das Selbstbewusstsein stärkt. Suchen Sie sich daher unbedingt Gesprächspartnerinnen, die in einer ähnlichen Situation leben, schließen Sie sich einer Gruppe von Zweiten an oder gründen Sie selbst eine. Mit anderen über Belastungen und Sorgen zu reden hilft in den meisten Fällen.

SECOND-WIVES-TIPPS

● Lösen Sie sich von Ihrem schlechten Gewissen – oder lassen Sie es besser gar nicht erst aufkommen. Keine Neue kann eine intakte Beziehung zerstören. Schuldgefühle sind hier fehl am Platz. Ein solches Gefühl setzt Sie bloß unter unnötigen Druck, alles besonders gut und perfekt zu machen. Kein guter Start ins neue Glück!
● Tauschen Sie sich möglichst von Beginn Ihrer neuen Beziehung an mit anderen Zweiten aus. Sie müssen nicht jede Erfahrung unbedingt selbst machen – vielleicht haben ja erfahrene zweite Frauen gute Tipps für Sie parat. Außerdem hilft auch die Gewissheit, dass frau nicht allein mit ihren Sorgen dasteht.
● Achten Sie auf Ihre Bedürfnisse und nehmen Sie Ihre Nöte ernst. Obwohl sie unter den Altlasten leiden, sehen viele Zweite ihre eigenen Sorgen oft als zweitrangig und verhalten sich typisch weiblich: Der Partner und sein Wohlergehen stehen an erster Stelle, ihm muss der Rücken frei gehalten werden. Vielleicht dankt er es Ihnen kurzfristig – langfristig tut das aber Ihrer Beziehung wahrscheinlich nicht gut.

Eifersüchtig auf das Vorleben

Jede Liebe hinterlässt ihre Spuren. So gut wie jeder Mann, der in die engere Beziehungs-Wahl kommt, hat zumindest eine Verflossene, die ihn noch gelegentlich beschäftigt, oder eine Ex, die er immer wieder einmal trifft. Was die Neue dann – oft für sie überraschend – überfällt, ist eine mehr oder weniger quälende Eifersucht: Nicht etwa auf eine aktuelle Konkurrentin, sondern auf die Vergangenheit.
Eifersucht auf das Vorleben des Partners: Dieses Gefühl macht den Beginn vieler neuen Beziehungen zum regelrechten Hürdenlauf. Die bloße Vorstellung, dass der geliebte Mann irgendwann früher eine andere berührt, geliebt, mit ihr Zeit, Spaß, besondere Erfahrungen und Erlebnisse geteilt hat, kann eine ganz schöne Belastung sein. Das gilt selbst für Fälle, in denen die Ex im aktuellen Leben gar keine reale Rolle mehr spielt – und erst recht in der

typischen Konstellation von zweiten Frauen, in denen die Ex über Scheidungsfolgen oder Kinder auch tatsächlich präsent ist.
»Fiktive Dreiecksbeziehung« nennen es Psychologen und Paartherapeuten, wenn das Vorleben in eine aktuelle Beziehung quälend hineinspielt und eine Ex zur übermächtigen Bedrohung hochstilisiert wird. Klar – wer will schon im Schatten einer verflossenen Liebe stehen?

Zwischen Angst und Kontrollwahn

Solche Gefühle können dann schon einmal auch tolerante Frauen plötzlich in eine nicht gekannte Kontrollwut treiben, wie Nora, 42, erzählt, die in einem Heidelberger Reisebüro arbeitet: »Irgendwann hatte ich den Krampf im Bauch satt. Ich legte mich mit einem Feldstecher auf die Lauer, bloß um herauszufinden, was mein neuer Freund Heinz so treibt, wenn ich aus dem Haus bin.« Seine gelegentlichen Erzählungen über die Ex hatten sich bei Nora zu argen Befürchtungen verdichtet. »Ich war mir nicht sicher, ob da nicht ein Come-back droht. Das Spionieren förderte allerdings nichts Verdächtiges zu Tage – außer, das ich mir ziemlich läppisch vorkam.«
Nicht immer entlädt sich die Eifersucht auf die – oft unbekannte – Ex gleich in strapaziöser Spitzeltätigkeit. Häufig geht ihr die Neue auch sorgsam aus dem Weg. Wenn sie schon bedrohlich ist, so ein verbreitetes Kalkül, dann soll die Angstgegnerin wenigstens gesichtslos bleiben. Dann kann sie sich nicht als schmerzlich attraktiv herausstellen, dachte auch die 32-jährige Innsbrucker Stewardess Ruth: »Wenn ich auf einem Fest die Verflossene von Chris vermutete, übernahm ich wenn immer möglich den Flug einer Kollegin. Da bestand wenigstens nicht die Gefahr, dass ich im direkten Vergleich vielleicht schlechter aussteige.«

Der Vergleich macht nicht immer sicher

Ob von Angesicht zu Angesicht oder bloß fiktiv: Heikel ist es allemal, wenn die Nachfolgerin beginnt, sich mit der Ex zu messen und sich Fragen zu stellen, ob sie schöner, klüger, sexuell attraktiver

oder geistvoller war. Denn eines ist sicher: Mit der konkreten Verflossenen des geliebten Mannes haben solche Gedanken nur sehr wenig zu tun. Sie sind eher ein unverkennbares Signal, dass die Neue sich in der aktuellen Beziehung – vielleicht noch – nicht sicher und wohl fühlt.
Besonders kritisch wird es allerdings, wenn er beginnt, Sie mit der Vorgängerin zu vergleichen: Das kann sowohl ein Disziplinierungsinstrument sein (auf das Sie sich keinesfalls einlassen sollten!), als auch der hilflose Versuch, auf diese Art etwas zu fordern, was er auf andere Art nicht mitteilen kann. In beiden Fällen geht es weniger um die Ex als um die aktuelle Botschaft, dass er sich irgendetwas von Ihnen wünscht. Bringen Sie ihn dazu, zu sagen, was er eigentlich meint. »Worum geht es dir eigentlich?« Auf konkrete, aktuelle Bedürfnisse kann frau schließlich besser reagieren als auf vage Vergleiche.

Angeknackstes Selbstbewusstsein

Warum sich auch attraktive Frauen, denen es an nichts zu mangeln scheint, oft schon durch kleinste einschlägige Andeutungen ihrer Partner die Stimmung und das Selbstwertgefühl anschlagen lassen, ist nicht immer klar. Häufig ist wohl die Eifersucht auf das – bekannte oder vermutete – Vorleben des Partners nicht zuletzt ein Barometer für den Stand des weiblichen Selbstbewusstseins. Vergessen Sie getrost die Behauptung, am Grad der Eifersucht könne man den Grad der Liebe festmachen. Was man an Eifersucht viel eher ablesen kann, ist der Grad der Besitzorientierung und der Verlustangst – und beides drückt oft fehlende Selbstsicherheit aus.
Eifersucht ist nicht der Beweis für wahre Liebe. In kleinen Dosen ist sie aber in fast allen Beziehungen unvermeidlicher Bestandteil der Liebe, für die es niemals eine hundertprozentige Sicherheit geben kann. Eifersucht in vernünftiger Dimension dient in erster Linie der inneren und nach außen gerichteten Verarbeitung der Unsicherheit, wie sie am Beginn einer neuen Beziehung schon einmal vorkommen kann. Sie klingt meistens auch wieder ab, wenn diese Verarbeitung bewältig wurde, man einander besser kennt und damit Unsicherheiten ausgeräumt sind.

Gestehen Sie sich als neue Frau also ruhig ein wenig Eifersucht zu. Machen Sie sich aber auch klar, dass Kontrolle und Druck auf Ihren Partner wenig an Ihrer Unsicherheit werden ändern können. Viel zielführender ist es da, wenn Sie Ihrem Partner Ihre Ängste und Sorgen klar machen und so ein Gespräch in Gang bringen, aus dem Sie und er nicht nur vieles übereinander und über sich lernen, sondern auch zu den notwendigen Veränderungen in der Beziehung kommen können.
Ein guter Selbstschutz ist es auch, nicht Ihr ganzes Leben auf den Partner zu konzentrieren. Eigene Bereiche, in denen Sie erfolgreich sind und Zufriedenheit finden, stärken das Selbstbewusstsein und minimieren die Eifersucht. Vernachlässigen Sie wegen Ihrer neuen Beziehung nicht Ihre alten Bekannten und pflegen Sie Ihre Freundschaften. Eine ausschließliche Orientierung an Ihrem Partner, aus Angst, sonst verlassen zu werden, ist jedenfalls kontraproduktiv. Lassen Sie die Zügel locker und genießen Sie Ihr Leben auch abseits der Partnerschaft. Und vergessen Sie bei allen Selbstzweifeln nie: Wie bedrohlich das Vorleben auch erscheinen mag – Ihr neuer Mann hat sicher gute Gründe dafür, dass er inzwischen bei Ihnen gelandet ist!

SECOND-WIVES-TIPPS

- **Am Beginn fast jeder Beziehung gibt es eine Phase des gegenseitigen Erkundens: Wer bist du, wie hast du gelebt, worauf muss ich mich bei dir gefasst machen? Vorsicht! Frisch entdeckte Intimität verleitet häufig zu allzu leichtsinnigen Fragen im Stil von: Wie war das denn mit den Früheren? Stellen Sie solche Fragen nur dann, wenn Sie sicher sind, dass Sie die möglichen Antworten auch aushalten können. Die Offenheit des neuen Partners mag verführerisch sein, im Alltag kann sie Ihnen allerdings ganz schön was zum Grübeln aufgeben. Und ändern können Sie die Vergangenheit sowieso nicht.**
- **Wenn Ihr Partner Sie damit nervt oder unter Druck setzen will, dass eine Ihrer Vorgängerinnen ganz besonders toll war, dann lernen Sie sie doch einfach kennen. Die eigenen Fantasien sind meistens beunruhigender als ein realer Vergleich. Ihr Partner wird**

ja wohl gute Gründe haben, nicht mehr mit ihr zusammen zu sein.

- **Versuchen Sie zu unterscheiden, ob Ihre Eifersucht typisch für die konkrete Beziehung ist oder sich unabhängig vom jeweiligen Partner einstellt. Im ersten Fall ist Beziehungsarbeit gefragt, im zweiten die Beschäftigung mit Ihrer eigenen Geschichte.**
- **Sprechen Sie aus, was Sie beschäftigt und beunruhigt. Vielleicht ist Ihrem Partner gar nicht klar, dass er Sie mit bestimmten Bemerkungen oder Verhaltensweisen noch tiefer in die Eifersuchts-Falle treibt.**

Ein Secondhand-Mann kommt selten allein

Wir zweiten Frauen wissen es nur zu gut: Ein Mann mit Vorleben kommt selten allein. Denn zusätzlich zu all den Veränderungen, die jeder neue Mann ins weibliche Leben einbringt – alte Gewohnheiten, neue Freunde und nicht immer wohlgesonnene Verwandte –, haben unsere typischen Secondhand-Männer auch noch eine Ex und Kinder aus der früheren Beziehung im Gepäck.

In vielen Fällen sind dann die Verflossenen schon deshalb sehr real präsent, weil Paare mit gemeinsamen Kindern sich gar nicht »rückstandslos« trennen können. Die Expartner – und mit ihnen häufig auch ihre neuen Lebenspartner – müssen einander immer wieder begegnen, ob sie wollen oder nicht. Sie müssen die Sorge und Verantwortung für die Kinder miteinander teilen, und das oft über Jahrzehnte.

Am Beginn einer Beziehung mit einem geschiedenen oder getrennten Vater sollte Ihnen daher eines sonnenklar sein: Einen solchen Mann bekommen Sie nie allein. Die Kinder – und auch die Ex – sind die unvermeidliche Dreingabe, ob es Ihnen nun passt oder nicht. Geben Sie sich bloß nicht der verführerischen Illusion hin, dass Sie mit einem solchen Partner eine reine Zweierbeziehung führen können. Auch wenn es für uns Zweite manchmal schmerzlich ist – das ist definitiv etwas, das wir nicht ändern können. Wenn wir das nicht akzeptieren, wird es sich kaum vermeiden lassen, dass wir immer wieder eifersüchtig, bitter und vorwurfsvoll sind. Und das ist sicher kein gutes Rezept. Oder

glauben Sie, dass er ausgerechnet das in der neuen Liebe gesucht hat? Und ist es etwa das, was Sie sein wollen?
Meistens beginnt es ja ganz harmlos. Dass die Männer, in die sie sich verlieben, schon einmal verheiratet oder dauerhaft liiert waren oder Kinder haben, erfahren die meisten Frauen in einer sehr frühen Beziehungsphase. Doch bei den wenigsten geht dabei gleich ein rotes Alarmlicht an. Klar, schließlich trifft frau in Zeiten wie diesen – und vor allem, wenn sie die süßen 17 schon länger hinter sich gelassen hat – ja wirklich kaum mehr einen interessanten Mann ohne Beziehungsaltlasten. Und wenn er zu diesen seltenen Exemplaren gehört, dann macht ihn das ab einem bestimmten Alter eigentlich auch ziemlich verdächtig. Denn die Fragen, ob er möglicherweise beziehungsunfähig ist, zu sehr an seiner Mutter hängt oder vielleicht zur Gattung der Womanizer gehört – diese Fragen drängen sich dann schon auf.

Nicht zu unterschätzen

Im Lauf der Zeit zeigt sich für Zweite, dass der Teufel im Detail steckt. Viele zweite Frauen schätzen anfangs nicht nur die juristischen und wirtschaftlichen Belastungen, mit denen ihre neue Partnerschaft startet, unrealistisch ein, sondern auch die Beziehung zur Vorgängerin und zu den Stiefkindern. In der Wonne der ersten Verliebtheit sind sie euphorisch – und sicher, dass ihnen nichts passieren kann, wie sich auch die 40-jährige Bankangestellte Katja aus Hamburg erinnert, deren Mann Erich zwei Söhne mit in die Beziehung gebracht hat. Seit mittlerweile fünf Jahren lebt sie jetzt mit ihm und hat inzwischen die beschwerliche Rolle als zweite Frau fürchten gelernt. »Am Anfang fand ich es noch ganz toll, dass er Kinder hat. Hätte mir jemand gesagt, wie ich mich ein Jahr später fühlen würde, ich hätte es nicht geglaubt«, zieht Katja Bilanz. »Und bis vor kurzem hätte ich auch noch zugestimmt, dass es für ihn auch nicht einfach ist. Aber inzwischen hebe ich mir mein Mitleid für mich auf. Auf einen Mann mit Kindern würde ich mich nie wieder einlassen.«
Derartige Gefühle mit Nichtbetroffenen auszutauschen ist meistens nicht sehr ergiebig. Schließlich sind viele in der Umgebung einer Zweiten der Meinung, sie habe ja vorher genau gewusst, dass sie

sich mit einem geschiedenen Mann mit Kindern eingelassen hat. Was zwar stimmt, aber noch lange nicht bedeutet, dass frau auch tatsächlich ein so klares Bild von dem hat, was da auf sie zukommen kann. »Als wir uns zusammengetan haben, war mir schon klar, dass seine Vergangenheit viel stärker in unsere Partnerschaft hineinspielen würde als meine frühere Beziehung – schon wegen seiner sehr mühsamen Scheidung, die damals erst ein drei viertel Jahr zurücklag, und wegen der Kinder«, erinnert sich die 38-jährige Grazer Unternehmensberaterin Rotraud an die Anfänge ihrer Liebe zu ihrem heutigen Mann Willi, der aus erster Ehe einen 18-jährigen Sohn und eine zehnjährige Tochter hat. In sieben Jahren Beziehung musste sie dazulernen. »Wie sehr mich diese Vergangenheit einmal mit betreffen würde, das konnte ich mir nicht in allen Facetten ausmalen.«

Komplexe Beziehungen, verteilte Rollen

Wer sich mit einem Mann mit viel Vorleben zusammentut, muss sich darauf gefasst machen, als Außenseiterin in ein sehr komplexes Beziehungsgeflecht zu stoßen, in dem die meisten Beteiligten ihre feste Rolle haben und in dem sich auch die Bewertungen anderer Mitspieler schon eingeprägt haben. Wenn zum Beispiel alle der Ex die Rolle der Bösen zugeschrieben haben, werden Ihnen unter Umständen Heilserwartungen entgegenschwappen, die Sie mit sich gar nicht in Verbindung bringen können – und auch nicht müssen. Auch wenn sich im familiären Umfeld ihres neuen Mannes ein vorgefasstes Unverständnis über seine Entscheidung für eine neue Frau breit gemacht hat, hat das mit Ihnen als Person meist wenig zu tun.

Lassen Sie sich daher genug Zeit, bis Sie den komplizierten Beziehungsdschungel ausreichend verstehen und durchschauen. Wenn Sie in eine neue Firma kommen, in der alle seit Jahren zusammenarbeiten, würden Sie schließlich auch nicht den Anspruch an sich stellen, schon am ersten Arbeitstag durchschauen zu müssen, wer mit wem warum kann oder nicht kann, oder glauben, sofort mit von der Partie sein zu können. Warum eigentlich sollte es im Liebes- und Familienkontext anders sein? Die Hierarchien bestehen, die Rollen sind verteilt. Suchen Sie sich langsam einen

Platz, der Ihnen entspricht. Beobachten Sie einmal in aller Ruhe die Regeln, die sich in diesem System etabliert haben, bevor Sie selbst eine aktive Rolle übernehmen. Sie können unmöglich in den ersten paar Monaten alles wieder gutmachen, was vorher schief gelaufen ist.

Bloß keine Bastelarbeiten

Auch wenn sie nicht immer angenehm sind – all diese Menschen und Erfahrungen aus seinem Vorleben haben Ihren Partner schließlich zu dem gemacht, der er heute ist: der aufregende Mann, in den Sie sich verliebt haben und mit dem Sie leben wollen. »Wir haben uns nun einmal für diese Männer mit Ex und Kind entschieden«, zieht die Wiener Medizinerin Katharina nach sechs Jahren mit ihrem Secondhand-Mann Heinz Bilanz, »und zumindest für mich kann ich sagen, dass ich meine Entscheidung trotz aller Schwierigkeiten noch nicht bereut habe.«

Machen Sie jetzt bloß nicht den Fehler, diese Liebe als kontinuierliche Laubsägearbeit aufzufassen und zu versuchen, an ihm zu basteln und ihn zu verändern. Das ist weder fair noch realistisch. Viel besser ist es, möglichst positive Akzente zu setzen.

Durchhalten macht sich bezahlt

Das ist schon deshalb besonders wichtig, weil zweite Ehen oder Lebensgemeinschaften tatsächlich nicht unerheblichen Belastungen ausgesetzt sind. Die Neuen müssen sich an gewachsene Strukturen und Beziehungen anpassen und seine Kinder sind die ständige Brücke in die Vergangenheit. Unbewältigte Spannungen aus der früheren Beziehung sorgen oft für zusätzlichen Sprengstoff. Und die häufigen Konflikte können auch dazu führen, dass das neue Paar nur wenig Zeit für sich hat. Die reizvolle Affäre wird schnell zum dicken Pflichtenheft.

»Es gehört schon sehr viel Durchhaltevermögen und Kraft dazu, eine Beziehung mit einem Mann mit Ex und Kindern zu führen«, ist die 39-jährige Kindergärtnerin Konstanze aus Salzburg nach sechs Jahren mit ihrem 44-jährigen Mann Jörg und dessen zehnjähriger

Tochter realistisch. »Da muss man Einschränkungen und Kompromisse hinnehmen. Solange es sich bei unseren Problemen nur um die Ex und das Kind handelt, werde ich auch versuchen durchzuhalten.«
Tatsächlich ist das Experiment »zweite Frau« heikel und das sieht man auch an der Halbwertszeit der neuen Beziehung. Die Partner müssen sich nicht nur aneinander gewöhnen, sondern auch an die Geldsorgen, an die Probleme mit der Ex und an die Kinder – eine Belastung, die in den ersten Jahren meistens besonders hoch ist. Kein Wunder, dass – statistisch gesehen – die Wahrscheinlichkeit, dass Zweitehen wieder geschieden werden, in den ersten fünf Jahren höher ist als bei Erstehen. Die gute Nachricht: Durchhalten lohnt sich. Nach 25 Jahren – so zeigen zumindest Untersuchungen – gibt es keinen Unterschied mehr in Sachen Beziehungs-Lebensdauer.

SECOND-WIVES-TIPPS

- **Es lässt sich nicht vermeiden, dass Männer aus jeder Beziehung Psycho-Gepäck mitbringen. Sind dann auch noch Kinder im Spiel, kann das ganz schön belastend werden. Unterschätzen Sie nicht, was da auf Sie zukommt, und spielen Sie es nicht herunter. Besser, Sie freuen sich darüber, dass alles nicht so schlimm ist, als Sie hadern ewig mit Ihrem »ungerechten« Schicksal.**
- **Klären Sie für sich: Was will ich und was kann ich leisten? Mit derart klaren Grenzen lässt es sich komfortabler in die neue Liebe gehen.**
- **Machen Sie sich bewusst, dass Sie rund um Ihren neuen Mann auf ein kompliziertes, oft schon lange Zeit bestehendes Beziehungsgeflecht stoßen, dessen Reaktionen auf Ihre Existenz meist wenig mit Ihnen selbst, sondern hauptsächlich mit allen anderen Akteuren zu tun haben. Für Freunde der Ex ist es aus Loyalitätsgründen oft schwer, sich auch auf die Neue einzulassen.**
- **Lassen Sie sich Zeit, in Ihre neue Rolle hineinzuwachsen. Niemand schafft es, einen neuen Job vom ersten Tag an perfekt auszufüllen.**
- **Halten Sie durch, wenn Sie das ohne Selbstverleugnung schaffen: Die erste Zeit ist meistens die härteste, später wird es entspannter und einfacher.**

Heimliche Aufträge an die Zweite

Eine besondere Tücke, auf die zweite Frauen im Beziehungsdickicht rund um den neuen Mann in ihrem Leben stoßen können, sind die vielen meist unausgesprochenen Wünsche und Ansprüche, die andere ihnen gegenüber entwickeln. »Heimliche Aufträge« nennen die professionellen Erforscher der menschlichen Seele jene auch den Auftraggebern nicht immer ganz bewussten Erwartungen. Bestimmte Dinge sollen einfach passieren – ohne sie aber klar, eindeutig und nachvollziehbar zu formulieren. Wenn es dann nicht klappt, kommt es zu Enttäuschung und Angst.

Alle wollen was

»Ich wollte es am Beginn ganz richtig machen und mich gut einführen«, erzählt Konstanze über ihre erste Zeit mit Jörg. »Da habe ich seine und meine Eltern und seine Tochter zum Essen eingeladen, um gleich mal die Initiative zu ergreifen und alle zusammenzuführen.« Das erhoffte Eisbrecher-Dinner, erinnert sich die 39-jährige Salzburgerin heute, war allerdings alles andere als entspannt. »Da lag so unglaublich viel in der Luft, zum Greifen dicht, aber über einen Austausch von Höflichkeiten hinaus nichts Ausgesprochenes.«

Allzu viel Fantasie braucht man nicht, um sich vorzustellen, was da in den Köpfen so vorgegangen sein könnte. »Hoffentlich passt sie auf sich auf und lässt sich nicht ausnutzen, die Arme«, mag sich da Konstanzes Vater gedacht haben. »Ich wünsche mir nur, dass die endlich ordentlich für Jörg sorgt und nicht auch ständig rumflirtet wie die Erste«, ging möglicherweise ihrer Schwiegermutter in spe durch den Kopf. Und während Jörgs Tochter vielleicht inständig hoffte, diese Neue möge bloß nicht versuchen, Mami zu ersetzen, dachte ihr Vater eventuell heimlich bei sich: »Endlich eine unabhängige Frau, die selbst für ihren Lebensunterhalt sorgen kann.«

Wenn Sie sich typische heimliche Aufträge an zweite Frauen einmal in dieser Form veranschaulichen, wird schnell klar, wie schwierig die passende Reaktion darauf ist. Denn diese Aufträge auch tatsächlich anzunehmen würde in vielen Fällen bedeuten, sich bald in einer Rolle wieder zu finden, die mit einer selbst nur mehr sehr am Rande zu tun hat. Aber auch sie zu ignorieren hilft selten – das führt nur zu Enttäuschungen und Vorwürfen auf beiden Seiten.

Entlaste mich

Besonders oft haben die heimlichen Aufträge an die Zweiten mit den Kindern der Ersten zu tun. Gar nicht so wenige allein erziehende Wochenendväter tappen in die Falle, ihre neuen Frauen nicht bloß nach ihrer Partnerinnenqualität, sondern auch nach ihrem Kinderversorgungspotenzial auszusuchen. »Entlaste mich«, heißt dann oft die unausgesprochene Erwartung, die auf die neue Stiefmutter zukommt.
»Ich habe mich oft gefragt, warum ich mich, vor allem in den ersten Jahren, im Engagement um die Kinder so überfordert habe«, erzählt Rosa. Seit acht Jahren lebt sie mit dem 45-jährigen Journalisten Ludwig zusammen, seit knapp einem Jahr sind sie verheiratet. Als sie ihren heutigen Mann kennen lernte, waren seine beiden Söhne aus der damals gerade vor dem Scheidungsrichter stehenden Ehe gerade vier und sechs Jahre alt. Heute glaubt die 35-jährige Juristin die Falle durchschaut zu haben, in die sie damals ging: »Ich denke, dass Ludwig mir signalisiert hat, dass er Unterstützung will. Er hat mir das zwar so nie gesagt – sondern im Gegenteil, es mir quasi freigestellt, ob ich in der Kinderbetreuung mitmachen will oder nicht. Aber wenn die Kinder dann da waren, hat er sich oft aus Erschöpfung nicht um sie gekümmert. Ich hatte dann immer das Gefühl, ich sollte was tun, und dann hab ich eben mit ihnen gespielt oder gelernt. Aber mich hat das sehr gestresst.«
Eine Lehre daraus, die Rosa anderen zweiten Frauen mitgibt: »Wenn es Anzeichen dafür gibt, dass Ihr Mann von Ihnen erwartet, seine Kinder zu bemuttern, ohne dass es ausdiskutiert ist, sollten Sie zunächst sehr ehrlich für sich klären, wie viel Sie bereit sind zu tun, und mit ihm klären, was das konkret bedeutet.«
Das gilt natürlich auch für andere heimliche Aufträge. Wie etwa den Wunsch: »Wir machen jetzt alles ganz anders und viel besser als früher.« Ein Konzept, das Zweite ganz schön unter Leistungsdruck setzen kann.
Viel besser als heimliche Aufträge zu erfüllen oder zu verdrängen ist es, von vornherein klare Kontrakte über das Zusammenleben zu

formulieren. Spätestens wenn die Liebelei zum Leben miteinander wird, sollten sich die neuen Partner sehr klar darüber werden, was sie voneinander erwarten. Das gilt für jede Beziehung, aber angesichts des Beziehungsgeflechtes, in das frau stößt, in besonderem Maß für eine Beziehung mit einem Mann aus zweiter Hand. Ohne einen Vertrag, der ihre Verantwortlichkeiten festlegt, würden Sie schließlich auch keinen neuen Job beginnen. Warum sollten Sie eine Beziehung starten, ohne dass ausgesprochen und geregelt ist, wie sich Ihre Wünsche, Bedürfnisse, Erwartungen und Angebote gestalten? Viele Probleme, mit denen Zweite oft kämpfen, lassen sich so schon im Vorfeld entschärfen.

SECOND-WIVES-TIPPS

- **Versuchen Sie nicht, Gedanken zu lesen. Gehen Sie nicht in die Falle, heimliche Aufträge anzunehmen oder zu ignorieren. Enttarnen Sie sie und versuchen Sie, daraus klare, ausgesprochene Vereinbarungen über das Zusammenleben zu formulieren.**
- **Entscheiden Sie sehr bewusst, wie viel an Belastung Sie verkraften, und versuchen Sie nicht, um den Preis, mehr geliebt zu werden, sich eine große Last an Pflichten aufzuhalsen, die Sie überfordern. Dafür werden Sie nämlich ganz sicher nicht geliebt.**

LANGE SCHATTEN: DIE EX MISCHT MIT

Von der Schwierigkeit, loszulassen

So wie das Zueinanderfinden von zwei Menschen seine Zeit braucht, so gehen auch Trennungen nicht über Nacht vor sich. Wenn die Scheidung oder Trennung Ihres neuen Partners von seiner Ex noch nicht lange zurückliegt, dann ist es auch ganz natürlich, dass sie noch nicht vollständig abgeschlossen ist. Da bleibt immer noch ein Rest von Hader, Wut, Verletztheit oder – je nachdem – vielleicht auch Sentimentalität zurück und da sind auch gelegentliche Rückfälle in die alte Intimität nicht ganz auszuschließen. Die emotionale Loslösung von einer vergangenen Beziehung dauert meist für beide Beteiligten noch eine Weile und ist bei weitem nicht mit dem formellen Akt der Scheidung oder Trennung erledigt. Trennungen brauchen Zeit. Und wenn sie sich zu lange hinziehen, wird das unweigerlich irgendwann auch zum Thema zwischen zweiten Frauen und ihren Partnern.

»Nach einem dreiviertel Jahr hat Peters Ex noch immer ständig angerufen, vielleicht auch, weil er ihr nicht deutlich genug vermittelt hat, dass Schluss ist«, erinnert sich Marion an die hürdenreichen Anfänge ihrer Beziehung mit ihrem heute 53-jährigen Mann. Er hatte, als sie sich kennen lernten, seit Jahren eine heftige Affäre – und einen damals dreijährigen Sohn – mit einer in Paris lebenden Künstlerin, die für Marions Geschmack noch immer zu wenig klar beendet war. »Ich habe dann für mich beschlossen, dass mir das alles zu viel ist und keine Perspektive hat. Ich wollte mich trennen, aber er hat mich überredet zu bleiben. Da habe ich Bedingungen gestellt, nämlich dass er endlich die Beziehung zur Ex eindeutig abbrechen muss.« Peter willigte ein und fuhr nach Frankreich, um der aufgebrachten Ex das persönlich beizubringen. Die Reise führte zwar zum gewünschten Ergebnis, allerdings mit einem Zwischenfall, der Marion alles andere als begeisterte. »Als er zurückkam, hat er erzählt, dass es ihm gelungen ist, einen Schlussstrich zu ziehen und ihr das auch klar zu machen. Allerdings, gestand er, hat er auch noch mal mit ihr geschlafen. Das habe ich ganz schlecht ausgehalten. Nach diesem Zwischenspiel habe ich noch lange mit der Angst gelebt, dass die andere eines Tages hier auftauchen könnte und dass Peter sie dann nicht wegschickt. Dabei ging es gar nicht so sehr um Eifersucht, sondern es war die Hintergehung, die so schmerzte.«

Für die Nachfolgerin kann ein solcher von der Vergangenheit überschatteter Start ins neue Beziehungsleben verständlicherweise alles andere als angenehm und auch gehörig verunsichernd sein. Der Eindruck, dass der Einfluss der Ex scheinbar nie zu Ende geht, entwickelt sich gelegentlich zum regelrechten Bedrohungsszenario. Versuchen Sie es trotzdem gelassen zu nehmen, so schwer Ihnen das auch fallen mag. In den allermeisten Fällen hat es zum Glück nichts mit seiner fehlenden Begeisterung für die neue Liebe zu tun, sondern ist ein unvermeidliches Stück von Vergangenheitsbewältigung.

Abhängigkeiten sind hartnäckig

In der ersten Phase der Verliebtheit ist das auch noch einigermaßen erträglich. Denn auch wenn die Ex direkt oder indirekt immer wieder ins neue Beziehungsleben pfuscht, ist vieles vom Weichzeichner der aufregenden taufrischen Liebe geglättet. Sie schweben mit dem Mann Ihrer Träume in allen Wolken. Wenn die Beziehung sich allerdings weiter entwickelt, wird Ihr Blick langsam klarer dafür, ob und wie sehr er und seine Ex noch immer miteinander verstrickt sind. Haben es die beiden geschafft, die formelle Trennung auch tatsächlich emotional zu vollziehen? Manche Beziehungen brechen auseinander – und enden doch nicht so richtig. Selbst nach einer Scheidung können die unterschiedlichsten Abhängigkeiten bestehen bleiben. Und die schweißen manchmal stärker zusammen, als es die Beteiligten wahrhaben wollen. Sollte das der Fall sein, haben Sie unter Umständen als Zweite noch einen dornenvollen Weg vor sich.

Vergeben und vergessen?

Oft ist die Ursache für den sich langsam dahinschleppenden Abschied der ehemals Liebenden die tiefe Verletzung, die eine Trennung bei der Ex hinterlassen hat. In jedem Fall ist es sehr wahrscheinlich, dass die Verflossene noch ihre Wunden leckt und die Trümmer ihres Lebens ordnet, wenn ihre Nachfolgerin ins Spiel kommt. Vielleicht kommt sie ja relativ rasch damit zurecht. Vielleicht aber kann sie auch lange Zeit nicht – oder nie – vergessen und vergeben.
Diesen Eindruck jedenfalls gewann Andrea, eine 42-jährige Sozialarbeiterin aus Wien. Seit sechs Jahren lebt sie mit Karl zusammen, seit einem Jahr ist sie mit ihm auch verheiratet. Von der Mutter seiner heute 20-jährigen Tochter hatte Karl sich schon acht Jahre vor seiner Begegnung mit Andrea getrennt und dazwischen einige Jahre mit einer anderen Frau gelebt. Doch so viel Zeit auch vergangen sein mag, Karls Ex macht ihn nach wie vor verantwortlich für ihre Lage. »Sie hat ihm bis heute nicht verziehen«, zeigt sich Andrea verständnislos. »Sie hat auch seit der Trennung, zumindest offiziell, nie eine neue Beziehung geführt und ihm ständig ein Schuldgefühl vermittelt. Auch dass die Tochter jetzt Probleme hat und magersüchtig ist, wird ihm zugeschoben.«

Die Ex sucht seine Nähe

Weigert die Ex sich beständig, irgendwann einen Schlussstrich unter die Vergangenheit zu ziehen, und hadert sie noch Jahre nach der Trennung mit ihrem Verflossenen und ihrem Schicksal, dann äußert sich das häufig auch in den von vielen Zweiten als lästig und überflüssig erlebten intensiven Kontaktversuchen.
»Die Ex meines Mannes sucht ständig seine Nähe«, erzählt die 37-jährige Wiener Übersetzerin Monika über die Verflossene ihres Mannes Alexander. Der 46-jährige Baumeister hat sich vor zehn Jahren von seiner gleichaltrigen Frau scheiden lassen, der heute 18-

jährige gemeinsame Sohn lebt bei seiner Mutter. Ein Jahr später hat Alexander Monika geheiratet, für deren Geschmack die Gesprächsfrequenz des ehemaligen Ehepaares etwas zu dicht blieb. »Immer wieder sucht sie Vorwände, um mit ihm zu reden, zum Beispiel schulische oder erzieherische Probleme mit dem gemeinsamen Sohn. Aber diese Frage ist dann meistens in einer Minute gelöst und dann geht es zurück in die Vergangenheit«, erzählt Monika. »Da holt sie dann wieder aus, warum die Ehe schief gelaufen ist und warum er alles falsch gemacht hat. Ich verstehe nicht, warum er sich auf diese Gespräche überhaupt einlässt«, ärgert sie sich über die mangelnde Konsequenz ihres Partners.

Offenbar hat Alexander, wie viele andere »Gebrauchtmänner« auch, es noch nicht geschafft, klare Grenzen zu ziehen. Das passiert häufig – und kann für die Zweite einigermaßen enervierend, wenn nicht schmerzhaft sein. Wenn es Ihnen nicht gelingt, ihn bei seiner Loslösung von der Vergangenheit zu unterstützen, kann es manchmal helfen, einen unbeteiligten Dritten an Bord zu holen, zum Beispiel einen guten Freund oder auch einen Therapeuten. Eine außenstehende Person kann Ihrem Mann vielleicht besser dabei helfen, sich weiterzubewegen und der Ex gegenüber klare Grenzen zu setzen als Sie als »beteiligte« Partei.

Der barmherzige Samariter

Gelegentlich sind es nicht nur ständige Telefonate und endlose Debatten zwischen Exfrauen und Secondhand-Männern, die zweite Frauen auf die Palme bringen, sondern noch weit handfestere Störmanöver. Schließlich ist es in hohem Maß irritierend, wenn die Ex während eines romantischen Dinners anruft, weil sie im Dunklen sitzt und die Sicherung nicht wechseln kann oder weil ihr Wagen wieder einmal nicht anspringt. Und noch frustrierender ist es für die Nachfolgerin, wenn der viel begehrte Mann dann auch noch losstürmt, um der Vorgängerin zu helfen.

Derartige Hilferufe nach dem Muster »Ich bin ja nur eine arme, schwache Frau« sind häufig nicht nur einseitige strategische Versuche der Ex, ihren Verflossenen zumindest im Alltagsleben zu halten, wenn er sich schon aus dem Liebesleben verabschiedet hat. Sie treffen auch gar nicht so selten auf ein offenes männliches Ohr.

Unter anderem deshalb, weil ihn unter Umständen noch immer Schuld- und Verantwortungsgefühle verhängnisvoll an die Ex ketten. Viele Männer trauen sich nicht, hier einen klaren Strich zu ziehen: Vielleicht weil sie die frühere Lebenspartnerin tatsächlich für schwach, für unselbstständig, für hilflos oder aber für verwöhnt halten. Eine solche Haltung kann auch einen handfesten eigennützigen Hintergrund haben. Solange die Ex einen weiterhin braucht, bestätigt das die männliche Wichtigkeit. Solches falsch verstandene Samaritertum behindert aber nicht nur die neue Beziehung, sondern auch die Entwicklung der Ex zu mehr Unabhängigkeit und Eigenständigkeit.
Zählen Sie in solchen Fällen nicht zu viel darauf, dass der regelmäßige Ruf der Ex nach seiner Hilfe Ihrem Partner schon irgendwann lästig fallen wird. Männer, die noch keine ausreichende emotionale Distanz zu ihrer früheren Beziehung gefunden haben, haben weniger Sensibilität für die notwendigen Grenzziehungen. Schließlich hängen sie noch viel zu sehr im post-ehelichen Spinnennetz.

Vorsicht: Die »Ganz wie früher«-Falle

»Sie fand immer wieder einen Grund, ihn in eine vertraute familiäre Situation zu locken«, erzählt Konstanze. Die 39-jährige Salzburger Kindergärtnerin ist auch nach sechs Jahren Ehe immer noch gelegentlich besorgt, wenn ihr Mann Jörg von der Ex wieder einmal in alte Zeiten zurückversetzt werden soll. »Einmal kennt sie sich mit dem Computer nicht aus, dann müssen wieder die Möbel verstellt werden und wie zufällig hat sie gerade gekocht, wenn er seine Tochter nach einem Besuchswochenende nach Hause bringt. Und immer endete es mit einem gemütlichen Nachtmahl zu dritt, ganz auf glückliche Familie.« Alles ist bestens. Die geschiedenen Partner haben einen zivilisierten Umgang miteinander und geraten sich nicht gleich in die Haare, wenn sie einander sehen, alle fühlen sich wohl. Die Einzige, die derartigen Szenen naturgemäß wenig abgewinnen kann, ist die neue Partnerin. Denn in ihrer Fantasie sieht sie dort nicht nur die Eltern mit dem Kind vertraut um einen Tisch sitzen, sondern auch das ehemalige Paar. Und das kann alarmierend sein. Wenn sie das aber artikuliert, wird es nicht immer gut ankommen. Denn vielleicht hat ihr Partner ja nur das Gefühl, der Ex und dem Kind einen kleinen Gefallen zu tun – und hält ihre Reaktion für völlig überzogen und kleinlich.

Doch so pragmatisch empfinden zweite Frauen das nicht. Für sie kann die Wiederbelebung vergangener familiärer Szenen auch ihre eigene Rolle und Position in Frage stellen. »Wirklich empfindlich war ich, wenn sich Situationen zusammenbrauten, die nach ›alles ist wieder ganz wie früher‹ rochen«, erinnert sich die 35-jährige Juristin Rosa an gelegentliche Ausflüge ihres Mannes Ludwig in die familiäre Vergangenheit. »Alle Beteiligten konnten irgendwie nicht zur Kenntnis nehmen, dass es eben nicht mehr wie früher war. Denn im Gegensatz zu früher gab es mich. Zum Beispiel wollte Ludwig immer wieder einmal was unternehmen, zu viert, mit seiner Ex Krista und den Kindern. Angeblich sei es gut für die Kinder, wenn sie Vater und Mutter gemeinsam erleben. Aber es schmerzte mich sehr, ich fühlte mich sehr in Frage gestellt.«

Wenn Ihr Mann wieder einmal einen seiner wenigen freien Abende im trauten Kreis seiner Exfamilie verbringt – sind Sie dann übertrieben eifersüchtig, wenn Sie Ihrem Unmut über solche Aktionen freien Lauf lassen? Wenn er gemeinsam mit der Ex Geburtstagsgeschenke für die Kinder besorgt – ist das in Ordnung? In manchen Fällen können diese Dinge, die suggerieren, alles sei noch wie früher, ganz selbstverständlich und ohne Belang sein. In anderen Fällen aber sind sie ein Warnsignal dafür, dass hier Rückholversuche gestartet werden oder zumindest einer der beiden getrennten Partner noch immer nicht ganz mit der früheren Beziehung abgeschlossen hat. Es geht also nicht bloß darum, wie intensiv der Kontakt Ihres Partners zu seiner Ex ist und wie nahe manche Szenen an dem sein mögen, was früher einmal Familienleben war. Sondern es geht vor allem auch darum, was die Beteiligten damit emotionell verbinden.

Wenn Sie sich als Zweite mit gemeinsamen Ausflügen der Exfamilie oder seinen nächtelangen Diskussionen mit ihr alles andere als wohl fühlen, dann liegt es an Ihnen, das auch zu thematisieren, ohne dabei gleich kleinlich zu wirken. Versuchen Sie, die Situation zunächst einmal möglichst neutral und objektiv zu evaluieren. Wie oft kommt es tatsächlich vor? Reagieren Sie verärgert, weil Sie sich unsicher fühlen? Bedeutet sie ihm noch was? Versucht sie ihn zurückzugewinnen? Übertreibt er es mit seiner Nähe zur Ex, weil er

eigentlich seinen Kindern nahe bleiben will? Schafft er damit Distanz zu Ihnen?
Was immer Ihre Antworten auf diese Fragen sind, Sie sollten mit Ihrem Partner darüber sprechen. Und am besten tun Sie das, ohne ihn gleich zu attackieren. Wenn Sie ihm vorwerfen, dass er sich um die Ex mehr kümmert als um Sie, dann treiben Sie ihn damit in die Defensive. Und wenn Sie sich wütend darüber auslassen, wie sehr sie ihn ausnutzt, dann bringen Sie ihn unter Umständen in die wenig glückliche Position, die Ex gegen Sie verteidigen zu müssen. Wollen Sie das wirklich? Außerdem: Wer sagt Ihnen denn, dass die Alternative »Liebevolle Ex – keifende Neue« nicht zu Ihren Ungunsten ausgeht?
Die bessere Strategie ist es, ihm ganz sachlich und ohne beleidigten Unterton darzulegen, dass Ihnen mit diesen Verhaltensmustern unbehaglich ist und dass Sie das mit ihm klären wollen. Vielleicht ist ja alles, was Sie brauchen, eine Bestätigung, dass seine Loyalität und Liebe bei Ihnen ist und nicht bei der Ex. Oder vielleicht braucht er Ihre Unterstützung dabei, sich endlich von ihr zu lösen. In einem offen Gespräch können Sie das am besten herausfinden.

Wenn er nicht loslässt – lassen Sie los

Wenn Ihr Mann allerdings auf Revival-Angebote seiner Ex immer wieder einsteigt, obwohl Sie ihm klar gemacht haben, wie schwer Sie sich damit tun, dann erliegt er offensichtlich nicht nur einer harmlosen Versuchung, sondern hat auch ein Interesse daran. Denn die geschiedene Frau, die ihn so hypnotisieren kann, dass er gegen seinen Willen Familienleben mit ihr spielt, gibt es wohl nicht. Wenn Sie merken, dass nicht nur die Ex nicht loslassen kann, sondern auch Ihr Partner noch immer so tief verstrickt ist, dass er nicht loslässt, dann ist es vielleicht am besten, Sie lassen los. Denn es könnte sein, dass Sie bloß das Vehikel bieten, das manche Männer brauchen: Eine Neue, um dann wieder zur Ehemaligen zurückzufinden. Dafür allerdings sollten Sie sich zu schade sein.

SECOND-WIVES-TIPPS

- Legen Sie eine gewisse Gelassenheit an den Tag, wenn die Ex auch in Ihrem Beisein wieder einmal die Vergangenheit hochleben lässt oder zum zehnten Mal die dramatischen Geburten schildert. Lassen Sie ihr doch die Erinnerung, Sie haben ja schließlich die Gegenwart und die Zukunft. Wenn es Ihnen aber unangenehm ist, machen Sie deutlich, dass Sie keine Themen goutieren, von denen Sie ausgeschlossen sind.
- Akzeptieren Sie es doch, dass er noch Kontakte zur Ex pflegt – aber achten Sie darauf, dass Sie sich dabei nicht an den Rand gedrängt fühlen. Machen Sie ihm klar, was für Sie kein Problem ist und wo Sie sich bedroht oder unangenehm berührt fühlen. Wenn die Anzahl ihrer Anrufe oder deren Inhalt Sie ärgert, dann sagen Sie es ihm, wie es Ihnen dabei geht, und schlagen Sie vor, dass Sie sich auf bestimmte Spielregeln einigen. Sie sind seine Partnerin. Die Beziehung mit der Ex ist vorbei und es gibt auch keinen Grund mehr für Hoffnungen. Machen Sie, wenn nötig, das auch ihr klar.
- Kontrollieren Sie Ihren neuen Partner nicht aus Angst, seine Nähe zur Ex könnte zu groß sein. Auch wenn Sie die Tatsache nervt, dass die Verflossene ständig mit ihm Kontakt aufnimmt: Er wird es nicht zu schätzen wissen, wenn Sie seine E-Mails lesen oder die Wiederholungstaste seines Handys checken. Sprechen Sie es lieber an, wenn Sie die ständigen Kontakte beunruhigen.
- Wenn er nicht nur gelegentlich in den trauten Schoß der Familie zurückkehrt, sondern auch bei offiziellen Anlässen noch mit der Ex auftaucht und Sie zu Hause sitzen, sollten Sie irgendwann eine Entscheidung treffen – nachdem er es offenbar nicht schafft, das zu tun. Halten Sie das wirklich aus? Wenn nicht, suchen Sie lieber jemanden anderen.
- Treten Sie in krisenhaften Situationen rund um seinen Kontakt zur Ex nicht fordernd und vorwurfsvoll auf. Auch ein Moralthema daraus zu machen klappt selten – bei steigendem Risiko, dass er sich in eine weniger keifende Umgebung (zurück)begibt. Wer seinen Mann unter Druck setzt und ihn zum kleinen Sohn macht, wird mit seinen Anliegen unannehmbar. Viel akzeptabler für Ihren Partner ist es, wenn Sie klar formulieren, was Ihnen ein Anliegen ist, statt es in Kampfansagen zu verpacken.

Wie konnte er bloß die nehmen?

Es fällt wirklich nicht leicht: Da haben Sie sich in diesen wunderbaren, attraktiven und intelligenten Mann verliebt, Ihre Begeisterung über ihn ist kaum zu bremsen. Und dann erfahren Sie immer mehr über seine Ex oder lernen sie vielleicht sogar kennen. Das Bild, das sich da aus den Puzzlesteinen formt, ist alles andere als das einer gewinnenden Frau. Das passt doch alles nicht zusammen! Wie konnte er bloß mit einer so unmöglichen Person einmal zusammen sein?

»Natürlich höre ich das mit einer gewissen Begeisterung, wenn die Leute sich abfällig über seine Ex äußern«, sagt die 32-jährige Innsbrucker Stewardess Ruth. Ihr Freund, der 38-jährige Maler Chris, hatte vor seiner Beziehung mit ihr drei Jahre mit der Lehrerin Linda zusammengelebt und mit ihr auch eine siebenjährige Tochter. Unter seinen Verwandten und Freunden gilt Linda als berechnende, kalte und fordernde Frau, die ihm nicht gut getan hat. Dass sie mit Ruth mehr anfangen können, freut diese ja. Wären da nicht die gelegentlichen Zweifel an der Urteilsfähigkeit von Chris. »Wenn ich mir diese Horrorgeschichten so anhöre, frage ich mich mittlerweile schon, wieso mein Freund eigentlich nicht gemerkt hat, was für eine unmögliche Person das ist. Wieso hat er mit der überhaupt zusammengelebt und wieso um alles in der Welt musste er mit der ein Kind haben? Manchmal denke ich, dass nur Männer so inkonsequent sein können.«

Auch wenn das Unverständnis über eine frühere Beziehungs-Entscheidung Ihres Partners groß sein mag, kann es doch verlockend sein, sich an der üblen Nachrede, die seine Ex auf sich konzentriert, zu laben und vielleicht sogar engagiert in das Kesseltreiben einzustimmen. Schließlich ist es für eine Zweite oft ohnehin schwer genug, von der Familie oder den Freunden des neuen Partners akzeptiert zu werden. Widerstehen Sie aber trotzdem der Versuchung, die Verflossene auch schlecht zu machen. Schließlich kennen Sie das Objekt der bösen Zungen kaum oder in erster Linie aus Erzählungen, denen eine interessengeleitete Färbung nicht abzusprechen ist. »Mein Bild von seiner Ex habe ich mir vor allem über Willis Erzählungen gemacht«, gesteht auch die 38-jährige Grazer Unternehmensberaterin Rotraud ein. Seit neun Jahren kennt sie ihren heutigen Mann, seit fünf Jahren ist sie mit dem 49-jährigen Manager verheiratet. Seine frühere Ehe, aus der er einen heute 18-jährigen Sohn und eine zehnjährige Tochter hat, ging mit einem regelrechten Rosenkrieg zu Ende. »Irgendwie hat sich da der Eindruck der Bösen und Berechnenden verfestigt, auch der einer Überlebenskünstlerin, die immer zum richtigen Zeitpunkt mit den richtigen Männern Kinder hatte, damit die dann für sie sorgen mussten. Ich hatte auch aus seinen Schilderungen immer das Gefühl, Willi hat sich nicht wirklich für diese Kinder entschieden, sondern sie wollte das unbedingt und hat ihn reingelegt.«

Auch wenn es Ihrem Ego vielleicht gut tun mag: Lassen Sie dieses unbekannte Wesen, das unerklärlicherweise ebenso wie Sie einmal in der Lage war, die Begeisterung Ihres Partners auf sich zu ziehen, am besten unangetastet. Sie besonders schlecht zu machen ist – angesichts seiner Schilderungen – nicht nur völlig unnötig, sondern darüber hinaus auch keine geglückte Strategie. Schließlich hat sich Ihr Liebster ohnehin entschieden und ist nicht mehr bei ihr, sondern bei Ihnen. Aber sie war irgendwann einmal ein mehr oder weniger wichtiger Teil seines Lebens. Da muss es doch nicht sein, ihm ständig zu vermitteln, wie dumm und unfähig er damals war, als er sich mit einem solchen Monster eingelassen hat.

SECOND-WIVES-TIPPS

- **»Wie konntest du bloß mit der?« Verkneifen Sie sich solche Fragen, auch wenn Sie Ihnen noch so oft auf der Zunge liegen. Schließlich hat Ihr Partner sich irgendwann einmal, aus welchen Gründen auch immer, für sie entschieden. Niemand lässt sich gerne dauernd vorwerfen, dass er einen Fehler gemacht hat.**
- **Erwarten Sie nicht, dass er auf Schritt und Tritt sagt, wie fürchterlich alles war. Irgendwas muss ja auch einmal gut gewesen sein, sonst wäre er wohl nicht mit ihr zusammen gewesen. Und einen Idioten, der nicht bemerkt hat, mit was für einem Monster er sich einmal eingelassen hat, hätten Sie doch wohl nicht ausgesucht.**

Seine Probleme – meine Probleme?

Wenn zwei Erwachsene sich trennen oder scheiden lassen, dann sollten sie doch, so möchte man meinen, in der Lage sein, sich die daraus entstehenden Probleme miteinander auszumachen. Warum also sind für viele zweite Frauen die ständigen Reibereien und Streitigkeiten ihres Partners mit der Ex ein Thema, das sie intensiv und oft beschäftigt?

Zum einen wohl, weil frau daraus möglicherweise Prognosen für die Zukunft ableiten möchte, zum anderen aber wahrscheinlich einfach deshalb, weil die Verflossene im Leben der Neuen eine ziemlich starke Präsenz entwickeln kann. Sie beeinflusst Ihre Beziehung zu Ihrem Partner, Ihre Rolle als Stiefmutter, Ihre Finanzplanung und Ihre Zeit- und Lebensgestaltung. Ob Sie die Ex nun mögen oder nicht, mit ihr ein ganz zivilisiertes Auskommen haben oder sie am liebsten zum Mond wünschen: Irgendwie müssen Sie Ihren geeigneten persönlichen Umgang mit der Verflossenen Ihres Partners finden.

»Schon weil Tom und ich uns praktisch nur an Wochenenden sehen, habe ich eigentlich keinen Kontakt mit seiner Exfrau Michelle«, erzählt Margot, eine 38-jährige Diplomatin, die regelmäßig zwischen Wien und Brüssel pendelt, wo ihr Freund als Journalist arbeitet. Mit Michelle verbinden ihn nach wie vor die gemeinsamen drei Kinder. »Sie lässt mich nicht nur ziemlich kalt, sondern ich mache auch seine Probleme mit ihr nicht zu meinen. Allerdings ist mir klar, dass sie auch ein Faktor für mich ist und noch viel mehr werden wird, wenn wir zusammenbleiben, weil sie eben die Mutter seiner Kinder ist.«

Die ungeliebte Ex zur Kenntnis zu nehmen und ihre Rolle in der Vergangenheit Ihres Partners auch als ernst zu nehmenden Faktor für Gegenwart und Zukunft Ihrer Beziehung zu akzeptieren heißt aber noch lange nicht, dass jeder Konflikt und jede Auseinandersetzung zwischen den beiden auch zu Ihrem Problem werden muss. Es ist durchaus in Ordnung, sich da herauszuhalten. »Karls Ex ist so eingeschossen auf ihre Positionen, dass man überhaupt nichts an ihrer Haltung ändern kann. Die verbreitet mit ungeheurem Kraftaufwand so viel negative Energie, dass man da chancenlos ist«, hat die 42-jährige Andrea die Hoffnung auf eine Lernfähigkeit von Karls erster Frau aufgegeben, mit der er eine 20-jährige Tochter hat. »Am Anfang habe ich mich noch eingemischt, ihm Tipps gegeben, Stellung bezogen. Jetzt habe ich begriffen, dass mich das eigentlich nichts angeht und dass er die Dinge mit ihr regeln muss. Ich habe kein Problem, er hat eins. Ich kriege nur leider seinen Ärger mit.«

Auch er hat nicht immer Recht

Nicht nur, weil Sie sich damit Ärger vom Leib halten, der mit Ihnen ohnehin nur sehr am Rande zu tun hat, sollten Sie sich in Auseinandersetzungen zwischen Ihrem Partner und seiner Ex in nobler Zurückhaltung üben. Behalten Sie auch immer im Kopf, dass Sie nicht so präzise beurteilen können, welche der mit Vehemenz aufeinander prallenden Positionen nun wirklich die unterstützenswürdige ist. An jeder Trennung sind zwei Personen beteiligt. Auch bei der Scheidung Ihres Traummannes wird es – ganz wie im wirklichen Leben – nicht perfekt zugegangen sein. Er wird nicht ausschließlich souverän, großzügig und verständnisvoll agiert haben und sie nicht ausschließlich bösartig und vernichtend. An den Nachtrennungs-Wehen sind also sicherlich beide beteiligt – kein Wunder, schließlich haben sich die beiden irgendwann einmal ja auch gemocht.
Natürlich ist es sehr schwierig, sich aus einer solchen Polarisierung herauszuhalten. Aber versuchen Sie es trotzdem. Denn ebenso wenig, wie es einen Grund gibt, bedingungslos und unkritisch immer die Position Ihres Partners zu teilen, wenn es um Streit mit der Ex geht, ist es nötig, aus edlen frauensolidarischen Motiven Verständnis für sie zu zeigen.

Keine Dominanz für die Ex

Dass Sie Probleme Ihres Partners mit einer ehemals wichtigen Frau in seinem Leben nicht zu den Ihren machen sollten, das ist natürlich leichter gesagt als getan. Wenn Sie sich Tag für Tag schon wegen seiner Erzählungen und seiner sich in direktem Verhältnis zu ihren Anrufen, Forderungen und Vorwürfen verschlechternden Stimmung mit dem Thema Ex auseinander setzen müssen, dann fällt das Heraushalten nicht leicht. Aber für Sie ist es ganz sicher das Beste, sich nicht auf die Konflikte einzulassen: Das schafft Lebensqualität und trägt wahrscheinlich auch zur Lebensdauer Ihrer Beziehung bei. Sie müssen auch absolut nicht über alle Probleme immer im Detail Bescheid wissen, die Ihr Mann mit seiner Verflossenen gerade hat. Mitgefühl ist ja ganz in Ordnung, aber lassen Sie diese Frau doch nicht Ihr Leben und die Gesprächsthemen in Ihrer Beziehung dominieren. Lassen Sie nicht zu, dass die Probleme mit der Ex Ihre Partnerschaft vergiften.

Denn er weiß schon, was er tut

Die Probleme Ihres Partners mit seiner Ex sind in erster Linie einmal seine Probleme. Hören Sie geduldig zu, zeigen Sie ihm Ihr Verständnis, wenn er das braucht, aber vermeiden Sie es, ihm ständig gute Ratschläge und Verhaltensregeln für seine Auseinandersetzungen mit der Ex zu geben.

Lassen Sie sich nicht in die Schwierigkeiten zwischen den Expartnern verwickeln. Damit riskieren Sie auf längere Sicht nur Ablehnung und Vorwürfe. Auch wenn Sie den Eindruck nicht loswerden, dass die Verflossene ihm auf dem Kopf herumtanzt und er im Umgang mit ihr zum »Waschlappen« mutiert, tun Sie Ihrer Beziehung nichts Gutes, wenn Sie die Kontrolle übernehmen und ihn zu Aussagen oder Aktionen aufstacheln, die er eigentlich so nicht will. Wenn Sie ihm ständig erklären, wo es langgeht, irritiert ihn das und es wird über kurz oder lang auch Probleme in Ihrer Beziehung schaffen. Warum sollten Sie der Ex den Triumph gönnen, dass sie so viel Einfluss auf Ihr Leben nehmen kann?

Lassen Sie ihn seine Debatten mit ihr in Ruhe führen – und treten Sie erst dann auf den Plan: Umarmen Sie ihn, lenken Sie ihn ab und tun Sie etwas, das Spaß macht. Bauen Sie sein Selbstbewusstsein lieber auf, als es durch Ihre Nörgeleien über seine vermeintlich ungeeignete Auseinandersetzungsstrategie noch zusätzlich anzuschlagen. Möglicherweise wird er dann ganz von selbst mit seiner Ex konsequenter und zielführender umgehen.

SECOND-WIVES-TIPPS

- Am besten entscheiden Sie sich dafür, sich aus den Auseinandersetzungen zwischen Ihrem Partner und seiner Ex herauszuhalten. Kurzfristig gibt Ihnen das vielleicht das Gefühl, nicht ausreichend loyal zu ihm zu sein oder damit zuzulassen, dass er übervorteilt wird. Langfristig allerdings zahlt es sich aus: Sie werden von einer Seelenfriedens-Dividende profitieren.
- Sie verzweifeln wieder einmal, wie er sich am Telefon von der Ex fertig machen lässt? Leiden Sie ruhig still mit, aber widerstehen Sie unbedingt der Versuchung, ihm kleine Zettel mit Hinweisen zu schreiben, was er ihr noch alles sagen könnte. Sie riskieren mit derartigen Einmischungen unter anderem, dass er sich Ihnen gegenüber plötzlich wie ein belehrter Sohn vorkommt. Das ist Ihrem Liebesleben sicher nicht zuträglich.

Die Ex macht Terror

Wenn die Sprache auf terrorisierende Exfrauen kommt, die ihrem Verflossenen und ihrer Nachfolgerin mit allen Mitteln das Leben schwer zu machen versuchen, bekommen viele zweite Frauen einen wissenden Blick. Fast jede Frau, die einen Gebrauchtmann liebt, hat mehr oder weniger dramatische Erfahrungen damit gemacht und mehr oder weniger einschneidende Erlebnisse einschlägiger Natur zu berichten.
Gegen die Nachfolgerin bei anderen zu intrigieren und sie als übles ehebrecherisches Wesen dastehen zu lassen ist eine der besonders beliebten Strategien, auf die Exfrauen zurückgreifen, um dem neuen Paar das Leben schwer zu machen. »Als wir uns kennen lernten, war Urs schon seit einiger Zeit von zu Hause ausgezogen«, erzählt die 21-jährige Lotti, die als Verkäuferin in einer Boutique in Bern arbeitet. Ihren Freund Urs, mit dem sie seit einem Jahr zusammen ist, hatte sie in dem Hotel kennen gelernt, wo der 33-Jährige als Barkeeper arbeitet. Dass die Trennung von ihr endgültig sein sollte, wollte die Mutter seiner beiden Töchter allerdings nicht zur Kenntnis nehmen. Würde nur Lotti verschwinden, so ihr Kalkül, wäre die Welt wieder in Ordnung. »Seine Frau hoffte immer noch,

dass er zurückkommen würde, und intrigierte schwer gegen mich«, erzählt Lotti. »Sie hat zum Beispiel meine Eltern angerufen und ihnen total empört erklärt, dass ihre unmoralische Tochter in einem ehebrecherischen Verhältnis lebt. Das Schlimmste aber war, dass sie ein paar Mal mit ihren Kindern bei mir im Laden aufgetaucht ist und einen fürchterlichen Skandal gemacht hat. Das war unendlich peinlich.« Zum Ziel geführt haben die Störmanöver die Ex allerdings nicht. Lotti hat bei ihren Eltern, Kunden und der Chefin die unverschuldeten Wogen wieder geglättet und denkt nicht daran, den Platz an der Seite von Urs wieder zu räumen.
Ebenso hoch oben wie Intrigen und heftige Auftritte rangiert auch der Terror per Telefon auf der Skala von unter Exfrauen beliebten Instrumenten. Das jedenfalls ist eine Erfahrung, die Tina, eine 36-jährige Betriebswirtin aus Linz, mit vielen zweiten Frauen teilt. Ihr 50-jähriger Mann Werner, mit dem sie seit acht Jahren zusammen und seit drei Jahren verheiratet ist, ist ein »doppelter« Gebrauchtmann. Vor der Ehe mit Tina war er schon zwei Mal verheiratet, mit seiner ersten Frau hat er eine mittlerweile 20-jährige, mit deren Nachfolgerin eine neunjährige Tochter. Die Begegnung mit Tina war nicht der Grund für seine zweite Trennung, aus dem familiären Haushalt ausgezogen war er schon vorher. »Die Scheidung war allerdings noch im Laufen, als wir schon zusammen waren«, erzählt Tina, »und sie verlief sehr emotional. Irgendwie hat sie meine Nummer herausgefunden, obwohl es eine Geheimnummer war, und ständig bei mir angerufen, bis zu zwanzig Mal pro Nacht. Wenn ich abgehoben habe, hat sie lauthals protestiert, dass ich ihre Familie zerstöre und ihr den Mann wegnehme. Wenn ich nicht abgehoben habe, dann waren eben auf dem Anrufbeantworter stundenlange Beschimpfungen.«

Stress an zwei Fronten

Den wenig freundlichen Einsatz des Telefons hat auch die 35-jährige Juristin Rosa zu Beginn ihrer Beziehung mit dem 45-jährigen Ludwig, mit dem sie seit mittlerweile acht Jahren in Zürich lebt, kennen und fürchten gelernt. Und das gleich mit zwei aufgebrachten Verflossenen. Denn Ludwig war schon mehr als ein Jahr von seiner Frau Krista getrennt, als er Rosa kennen lernte, allerdings hatte

er in dieser Zeit nicht allein, sondern mit der Filmproduzentin Barbara zusammengelebt. »Am Anfang war es gar nicht so sehr die Mutter von Ludwigs Kindern, die Probleme gemacht hat, das kam erst später«, erinnert sich Rosa an turbulente Zeiten. »Ich glaube, Krista hat das sogar ganz gut gefunden, weil damit ihre unmittelbare Nachfolgerin und damit erste Rivalin, Barbara, aus der Kurve flog und bei ihr wieder die Hoffnung aufkam, dass nach einer vielleicht nur kurzen Affäre mit mir doch noch Chancen auf seine Rückkehr bestehen.« Barbara allerdings war naturgemäß wenig begeistert, als ihr irgendwann dämmerte, dass es in Ludwigs Leben eine neue Frau geben könnte – eine Tatsache, die er ihr übrigens in den ersten Monaten verschwiegen hatte. »Da hat sie dann begonnen, ihm ständig nachzuspionieren. Ich habe damals in London gelebt und Ludwig kam mich oft besuchen. Sie ist ihm nachgeflogen und hat versucht herauszufinden, wo er ist. Das ist ihr schließlich auch gelungen«, erzählt Rosa. Was folgte, war blanker Terror gegen die Nachfolgerin. »Sie hat ständig alle angerufen. Zum Beispiel um Ludwigs Mutter darüber zu informieren, dass ich doch eine – damals übrigens längst beendete – Affäre mit einem verheirateten Mann hätte und sicher kein guter Umgang für ihren Sohn sei. Außerdem hat sie versucht, mich in der gesamten österreichischen Exilgemeinde unmöglich zu machen.«
Dass dann nach überstandenem Terror durch die unmittelbare Vorgängerin auch noch Ludwigs Exfrau begann, symbolische Giftpfeile auf Rosa zu schießen, nahm diese schon vergleichsweise gelassen hin: »Auch wenn das anstrengend und verletzend ist. Ich habe gelernt, dass es am besten ist, auf hysterische Ex-Attacken am besten gar nicht zu reagieren.«

Ruhig Blut

Wenn die Ex Terror macht, fällt es der Nachfolgerin allerdings naturgemäß nicht immer leicht, ruhig Blut zu bewahren. Und die goldene Regel für die passende Reaktion gibt es auch nicht: Alles hängt stark von den involvierten Personen ab.
Eines gilt allerdings in den allermeisten Fällen: Es ist keine gute Idee, mit ähnlich fiesen Methoden zurückzuschlagen. Vielmehr empfiehlt es sich, einmal ruhig abzuwarten, bis der Sturm sich legt.

Das hat einige Vorteile. Die Ex steht da als die wütende Furie, Sie bleiben souverän, selbstbewusst, verständnisvoll und elegant. Was für einen Mann, der zwischen den Fronten steht, anziehender wirkt, ist meistens klar. Dass jemand wie die Ex versucht ihn zu kontrollieren und auf sein neues Leben in einer solchen Weise Einfluss zu nehmen, kann doch auch für ihn wenig anziehend sein. Wer hier einen klaren Kontrapunkt setzt, ist die Sympathischere. Wenn Sie zurückschlagen, eskaliert alles. Bewahren Sie Ruhe, dann ist die Chance gar nicht so schlecht, dass sich die Dinge beruhigen. Pech für Sie ist es dann allerdings, wenn Ihr Partner zu jener raren Spezies von eitlen Männern gehören sollte, die rasende Eifersucht einer Verflossenen nicht als Bürde erleben, sondern sich sogar noch geschmeichelt fühlen und Ihre demonstrative Gelassenheit vielleicht gar als mangelnde Liebe interpretieren. Aber da stellt sich ohnehin die Frage, ob solche Männer fürs Dauerglück taugen.

SECOND-WIVES-TIPPS

- **Gegen Terror können Sie wenig tun. Sie können nicht kontrollieren, was die Ex tut, und Sie können sie nicht dazu bringen, nett, vernünftig und reif zu agieren. Das Einzige, das Sie kontrollieren können, ist Ihre eigene Reaktion darauf.**
Behalten Sie die Nerven und tun Sie der Ex nicht den Gefallen, auf ihren Terror mit Gegenterror zu reagieren. Bedenken Sie, dass Sie dann um vieles sympathischer, souveräner und liebenswerter dastehen werden – die rachsüchtige Furie ist dann die andere.
- **Bedenken Sie: Jeder Gegenschlag von Ihrer Seite wird einen weiteren Angriff durch die Ex provozieren und für sie den Kampf vielleicht erst so richtig interessant machen. Gleichgültigkeit von Ihrer Seite wird die Aktionen langsam zum Erlahmen bringen. Wer will schon einen Krieg ohne Gegner?**
- **Wenn die Ex den Hang zu Szenen hat, dann reduzieren Sie die unbedingt notwendigen Kontakte auf ein Minimum und halten sie sehr geschäftsmäßig. Wenn zum Beispiel Telefonate von ihr gerne zu Schreiduellen genutzt werden, dann schreiben Sie doch lieber, wenn Sie etwas brauchen, ein E-Mail oder Fax.**
- **Wenn die Ex Terror macht, ist das nicht nur Ihr Problem, auch wenn Sie besonders darunter leiden. Es liegt vor allem an Ihrem**

Partner, sich zu engagieren, um dem Spuk ein Ende zu machen. Er muss ihr Grenzen setzen und ihr klar machen, auf wessen Seite er steht. Und er muss ihr klar machen, dass sie mit diesen unmöglichen Störaktionen absolut nichts ausrichten kann. Ist er dazu nicht bereit oder fühlt er sich vielleicht durch Ihre nicht ganz einfallslosen Attacken auch noch geschmeichelt, dann Vorsicht: Dann müssen Sie sich ernsthaft die Frage stellen, ob er sich wirklich dafür eignet, dass Sie mit ihm einen guten Teil Ihres Lebens verbringen.

● Falls Sie das beruhigt: So mühsam terrorisierende Exfrauen auch sein mögen, ein Gutes hat ihr Verhalten oft. Nämlich den kuriosen Effekt, dass ihre Aktionen das neue Paar noch enger zusammenschweißen. Mit ihrem Theater treibt sie Ihrem Mann auch die letzten Reste von Verständnis aus. Sie brauchen sich dann nur zurückzulehnen und zu warten.

Ein Treffen mit der Ex?

Die Frage, ob und in welcher Form sie die Ex ihres Partners kennen lernen sollen und wie sich Begegnungen und Kontakte in der Folge am besten gestalten lassen, beschäftigt viele zweite Frauen nicht nur zu Beginn ihrer neuen Liebe. Manchen von ihnen wird die Entscheidung, ob sie ein Zusammentreffen mit der Ex suchen sollen, zunächst einmal abgenommen. Und zwar weil diese es von sich aus darauf anlegt, die Nachfolgerin in Augenschein zu nehmen. »Als seine Frau Lisa herausgefunden hat, dass es mich gibt und er sich wegen mir von ihr trennt, wollte sie mich unbedingt treffen«, erinnert sich die 37-jährige Ärztin Katharina, die seit mehr als sechs Jahren mit Heinz, ebenfalls Mediziner in einem Wiener Spital, zusammen ist. »Ich habe schließlich eingewilligt. Sie kam total als Vamp hergerichtet ins Café und wollte alles genau wissen. Wie alt ich bin, was ich beruflich mache, was meine Interessen sind. Ich habe das ziemlich unbehaglich über mich ergehen lassen und mir nur gedacht, das würde ich nie wieder tun.«

Aus Katharinas Unbehagen kann frau lernen. Wenn die Ex Sie unbedingt begutachten will – aus welchen Motiven auch immer, meistens sind die ja nicht gerade von Sympathie getragen –, müssen Sie diesem Wunsch keinesfalls aus falsch verstandener Frauensolidarität nachkommen. Es gibt nicht den geringsten Grund, sich einer solchen Perlustration auszusetzen. Wenn Sie sich jedoch auf die Begegnung einlassen wollen, ist es meistens günstig, das nicht zu rasch im Zuge oder unmittelbar nach der Trennung Ihres Partners von seiner Ex zu tun. Erst wenn nicht mehr die Entscheidungsfrage »sie oder ich« im Mittelpunkt steht, sondern Sie sich sicher als die neue Frau an seiner Seite fühlen, hat das Kennenlernen der Ex auch Aussicht auf eine einigermaßen positive Begegnung.

Von Frau zu Frau?

In anderen Fällen geht die Initiative zum ersten Kontakt nicht von der Verflossenen aus, sondern von ihrer Nachfolgerin. Eine gewisse Neugierde, herauszufinden, mit wem der neue Partner früher gelebt hat, ist auch durchaus verständlich. Doch wenn Sie es schon wissen wollen, sollten Sie sich auch wirklich auf ein ausführlicheres Gespräch einlassen. Denn ein nur oberflächlicher Kontakt kann diese Neugier nicht wirklich befriedigen. Es besteht dabei nur das Risiko, dass Sie damit Tür und Tor für unnötige Fantasien und vielleicht sogar Vergleiche öffnen, die Sie eher beunruhigen. Ein ausführliches Gespräch kann da schon eher helfen, Vorurteile und Barrieren zwischen den wirklichen oder vermeintlichen Rivalinnen auszuräumen. Diese Erfahrung hat auch die 28-jährige Berliner Journalistin Lilly gemacht. Die ersten beiden Jahre ihrer Beziehung hatte sie zur Exfrau ihres 42-jährigen Mannes und Kollegen so gut wie keinen Kontakt – einmal abgesehen von kurzen Begegnungen, wenn Karstens kleine Tochter abgeholt oder nach Hause gebracht wurde. Der Versuch eines besseren Kennenlernens hat sich aus Lillys Sicht jedenfalls gelohnt. »Kurz vorher lagen meine Nerven blank, ich war fürchterlich nervös«, erinnert sie sich. »Das Gespräch verlief dann aber erstaunlich gut. Wir waren grundsätzlich auf einer Wellenlänge und ich hatte auch endlich mal Gelegenheit, das private Umfeld meiner Stieftochter kennen zu lernen. Vorher kannte ich die Ex ja nur aus Karstens sehr subjektiven Beschreibungen wie ›Die Alte hat sie ja nicht alle‹ oder ›typisch verkannte Schauspielerin‹. Hinterher tat ich mir jedenfalls viel leichter mit ihr.«

Auch die 42-jährige Grazer Musikerin Helene kann heute der Tatsache einiges abgewinnen, dass sie sich auf ein ausführliches Gespräch mit ihrer Vorgängerin eingelassen hat. Die Annäherung zwischen den beiden Frauen hatte auch durchaus eine entspannende Wirkung auf das konfliktreiche Verhältnis von Helenes 56-jährigem Mann Walter, mit dem sie seit zehn Jahren verheiratet ist, mit seiner Ex. »Mir hat es sehr geholfen, Walters Exfrau besser kennen zu lernen. Da musste ich endlich nicht mehr irgendwas fantasieren«, erzählt sie. »Und weil unsere beiden Beziehungen zeitlich doch weit auseinander lagen, nahm sie mich nicht als Rivalin wahr und es hat sich so etwas wie eine spielerische Solidarität zwischen mir und Uli entwickelt. So nach dem Motto ›Macht er das noch immer so?‹ oder ›Wir beide sind eben Expertinnen, wenn's um Walter geht‹. Ich war erstaunt, wie entspannt das ging.«

Wenn die Ex den Kontakt verweigert

Allerdings lässt sich nicht mit jeder Ex eine solche Beziehung herstellen. Die 31-jährige Doris etwa hat inzwischen ihre Bemühungen eingestellt, mit der früheren Partnerin ihres 42-jährigen Mannes Max in engeren Kontakt zu kommen. Verständlich ist ihr das Verhalten ihrer Vorgängerin allerdings nach wie vor nicht. Vor allem deshalb, weil ihre beiden Töchter, die heute zehn und zwölf Jahre alt sind, nicht nur das Wochenende, sondern auch große Teile der Woche bei Max und Doris verbringen. »Für mich ist ihre Kontaktverweigerung seltsam, weil ich mich darauf eingestellt habe, dass wir ja noch lange miteinander zu tun haben werden und uns deshalb arrangieren sollten«, wundert sich die Wiener Webdesignerin. »Aber sie hat jede Auseinandersetzung mit mir abgelehnt. Sie kommt auch bei den Kinderübergaben nicht in unsere Wohnung. Ich glaube, dass sie es einfach schwer aushält, dass er mit mir ein so ganz anderes Leben führt, als er es mit ihr geführt hat. Marita und Max hatten eine offene Beziehung, sehr unverbindlich. Mit mir gibt es eine gemeinsame Planung und Zukunftsorientierung. Ich denke oft, die einzige Macht, die sie noch ausspielen kann, ist die der Verweigerung einer Beziehung zu mir.«

Kein Platz für beide?

Nicht nur die Frage der ersten Begegnung mit der Ex ihres Partners beschäftigt viele zweite Frauen intensiv. Vor allem, wenn sich der Kontakt zwischen beiden nicht gerade freundschaftlich gestaltet, kann es immer wieder zum Problem werden, bei Festen auf die ungeliebte Vorgängerin zu treffen.
Manche Zweite vermeiden es peinlich, überhaupt zu einem solchen Ereignis zu gehen, wenn sie ihre Vorgängerin dort vermuten. Und verfallen in ein bleiernes Gefühl der Lähmung, wenn sie ihr unverhofft bei einem Event begegnen. Das allerdings ist eine wenig geeignete Reaktion. Viel besser als zu erstarren oder gar Ihren Missmut offen zu zeigen ist es in solchen Situationen, besonders gewinnend und liebenswert aufzutreten. Seien Sie nach Möglichkeit souverän und freundlich und versprühen Sie Charme. Am Ende des Abends wird nicht nur Ihr Mann, sondern die ganze Runde sehr gut verstehen können, warum er jetzt bei Ihnen ist.
Einmal ganz objektiv gesehen: Es gibt nicht wirklich einen guten Grund, dass erste und zweite Frau nicht auch einmal dieselben gesellschaftlichen Ereignisse besuchen. Vorausgesetzt, Sie fühlen sich damit einigermaßen wohl. Ob Sie sich dem aussetzen wollen, hängt stark davon ab, wie souverän und sicher Sie sich in dieser Phase Ihrer Beziehung fühlen. In jedem Fall sollte die Ex es nicht in der Hand haben, Sie von Orten oder Veranstaltungen zu verbannen, nur weil sie dort anwesend ist. Wenn ihr etwas nicht passt, soll doch sie zu Hause bleiben. Lassen Sie sich nichts vermiesen.

SECOND-WIVES-TIPPS

- **Lassen Sie sich nicht auf ein Treffen mit der Ex ein, wenn Sie sich noch nicht sicher genug dafür fühlen. Eine Begegnung zwischen zwei Frauen, die den gleichen Mann lieben, ist kein frauensolidarisches Muss.**
- **Wenn Sie es schaffen, setzen Sie versöhnliche Gesten. Seien Sie beim ersten Zusammentreffen freundlich, egal wie die Ex sich benimmt. Wenn sie den zivilisierten Umgang mit Ihnen verweigert, hatten Sie wenigstens die Größe, ihn anzubieten.**
- **Wenn die Trennungs-Wogen ausreichend geglättet sind, dass**

die Chance auf ein Gespräch ohne Vorwürfe und Beleidigtheiten mit der Ex Ihres Partners besteht, nutzen Sie das. Vielleicht finden Sie ja tatsächlich die eine oder andere Gemeinsamkeit. Und selbst wenn nicht, können Sie nach einer ausführlichen Diskussion vielleicht entspannter mit ihr umgehen.

- **Bleiben Sie Festen und anderen gesellschaftlichen Ereignissen bloß nicht fern, nur weil Sie die Ex dort vermuten. Das wäre doch gelacht, wenn sie so einfach die Gestaltung Ihres Freizeitprogramms bestimmen könnte. Gehen Sie hin, zeigen Sie sich möglichst von Ihrer charmantesten und liebenswertsten Seite und stellen Sie die Verflossene einfach in den Schatten. Soll doch ruhig jeder sehen, dass Ihr Partner sich richtig entschieden hat.**

Wenn die Ex das Leben mitbestimmt

Eine zweite Frau gibt es nun einmal nur deshalb, weil es früher eine erste gab. Und dass die Ex auch in der neuen Ehe oder Beziehung eine gewisse Rolle spielt, damit haben Zweite zu leben gelernt. Doch nicht abfinden wollen sich viele von ihnen damit, dass die Ex in ihrem Leben ständig mit Regie führt. Denn das nimmt zweiten Frauen oft ein Stück ihrer gewohnten Unabhängigkeit.

Besonders verbreitet ist das ärgerliche Gefühl von Machtlosigkeit unter Zweiten, wenn die Erste – oft über ihre Kinder – eine ungeahnte Perfektion darin entwickelt, die Zeitplanung des neuen Paares durcheinander zu bringen.

Wann immer es darum ging, erinnert sich die Grazerin Rotraud, Vereinbarungen über Besuche der beiden Kinder ihres Mannes Willi zu treffen, war an Planung nicht zu denken. »Willis Ex hat die klassischen Spiele gespielt. Termine mit den Kindern haben einfach nie gehalten oder wurden ständig verschoben, egal, was wir sonst schon vorhatten. Ich habe das dann irgendwann sehr pragmatisch gesehen, mich rausgehalten und mich in meiner individuellen Zeitgestaltung möglichst wenig davon irritieren lassen.« Auch wenn sie mit dieser Strategie zumindest in ihrer eigenen Freizeitgestaltung autonomer wurde, blieb trotzdem ein Funken Ärger zurück. Und zwar nicht nur gegen die Ex, sondern auch gegen die Großzügigkeit, mit der Willi diese Machtdemonstrationen akzeptierte. »Ich war

wütend«, sagt Rotraud, »dass er immer wieder auf diese Spiele reingekippt ist und dass sie einfach immer kriegt, was sie will. Warum hat er das einfach nicht durchschaut?«
Der Umgang Ihres Partners mit der heiklen Terminplanung rund um Ex und Kinder ist dann auch der einzige Punkt, an dem Sie ansetzen können, um System und Berechenbarkeit in die Freizeitgestaltung zu bringen. Wenn die Ex grundsätzlich erst eine Woche vor dem Ihrem Mann und Ihnen zugedachten Kinderurlaub entscheiden will, ob der Termin wirklich hält, wird sie sich von Ihnen von diesem Machtspiel kaum abbringen lassen. Vielleicht aber von der klaren Botschaft Ihres Partners, dass die Reise nicht stattfindet, wenn sie nicht bis zu einem bestimmten Zeitpunkt entschieden ist. Besprechen Sie daher die für Sie möglichen Urlaubstermine, Wochenendpläne oder Abendgestaltungen – einschließlich einiger Alternativen – rechtzeitig mit Ihrem Partner. So hat er eine zumindest zwischen Ihnen beiden abgestimmte Basis, auf der er mit der Ex ein langfristiges Paket verhandeln kann.

Budgetfaktor Ex

Neben den Besuchs-, Wochenend- und Ferienregelungen ist es oft auch die Frage des Unterhalts, die den ersten Frauen eine Menge Macht über das Leben ihres Expartners in der neuen Beziehung in die Hand gibt. Zum Beispiel dann, wenn das ohnehin angespannte Budget des neuen Paares durch Nachforderungen zu den einmal getroffenen Vereinbarungen immer wieder an seine Grenzen stößt. Oder wenn sich Verfahren derart in die Länge ziehen, dass jede finanzielle Planung unmöglich wird.
»Sie macht uns das Leben seit mehr als drei Jahren zur Hölle. Ihr ganzes Denken kreist nur darum, wie sie uns schaden kann«, zieht die 42-jährige Frankfurter Kosmetikerin Ines verbittert Bilanz über die finanziellen Störmanöver, mit denen die Ex ihr und ihrem Freund Kurt das Leben schwer macht. Weil die Scheidung noch immer nicht durchging und der Unterhalt noch nicht endgültig geregelt ist, fließt derzeit noch ein großer Teil seines ohnehin nicht üppigen Einkommens als Buchhalter auf ihr Konto. Mit ungewissen Aussichten, wann sich das ändern wird. »Vorläufig schafft sie es, das Verfahren in die Länge zu ziehen«, klagt Ines. »Mal ist sie

krank, dann präsentiert sie wieder ein Gutachten, dass sie erwerbsunfähig sei, und das mit 43. Und es dauert wieder Monate bis zum nächsten Gerichtstermin und er zahlt brav weiter. Wir können es nur schaffen, indem wir uns arg einschränken.«
In diesen Fragen stößt jede zweite Frau an die Grenzen des von ihr Beeinflussbaren. Wie viel Geld Ihr Partner für Ex und Kinder abliefern muss, können Sie weder bestimmen noch ändern. Machen Sie sich also so weit es geht unabhängig von seinen finanziellen Spielräumen und richten Sie die Planung von Ausgaben und Anschaffungen danach aus, was Sie sich auch ohne die höchst unsicheren Beiträge Ihres Partners leisten können.

Ich mache alles besser

Nicht nur ihr direkter Einfluss auf die Termin- und Finanzplanung erlaubt es so mancher Ex, im Leben des neuen Paares Regie zu führen. Gelegentlich kann sie auch bei ihrer Nachfolgerin bestimmte Verhaltensmuster auslösen, ohne dazu wirklich aktiv etwas tun zu müssen. Seien Sie auf der Hut, nicht in die »Ich mache alles besser«-Falle zu gehen. Die funktioniert im heimlichen Drehbuch mancher zweiter Frauen so: Die Ex ist chaotisch, also bin ich hochorganisiert und penibel. Die Ex trinkt, also rühre ich keinen Alkohol an. Die Ex ist eine schlechte Mutter, also bin ich die perfekte Stiefmutter. Die Ex ist eine miserable Hausfrau, also lege ich fünfgängige Menüs vor. Die Ex kommt beruflich nicht weiter, also habe ich den nächsten Karrieresprung gleich doppelt gut im Griff.
Auf derart unbewältigbare Vorgaben sollten Sie sich besser nicht einlassen. Denn so lassen Sie indirekt nicht nur Ihr Leben ausgerechnet von jener Frau bestimmen, mit der Sie es ohnehin nicht leicht haben, sondern setzen sich auch einem krank machenden Stress aus. Niemand verlangt derartige Heldenhaftigkeit von Ihnen, auch nicht Ihr Partner: Denn schließlich hat er keine Musterschülerin gesucht, sondern eine sympathische Frau mit Stärken und Schwächen. Niemand kann sämtliche Defizite der bösen Ex ausgleichen. Fragen Sie sich lieber, was Ihr Mann von Ihnen will und was Sie von ihm wollen. Das ist eine viel bessere Basis für tragfähiges Glück.

SECOND-WIVES-TIPPS

- Lassen Sie sich durch die Machtspiele der Ex nicht jede Autonomie über Ihre Zeitgestaltung nehmen. Machen Sie mit Ihrem Partner eine langfristige Planung, welche Abend-, Urlaubs- oder Wochenendtermine für die Kinder verfügbar sind. Wenn sie sich dann nicht daran hält – und er das akzeptiert –, gibt es wenigstens keine Überraschungen, wenn Sie nicht immer zur Verfügung stehen.
- Machen Sie sich klar, dass die Ex über Unterhaltsregelungen sowie das Sorge- und Besuchsrecht der Kinder einen massiven Einfluss auf Ihr Leben hat – und das oft noch über Jahre. In dieser Beziehung sitzt sie auf dem längeren Hebel und oft macht sie davon auch Gebrauch. Völlig sinnlos, damit zu hadern.
- Orientieren Sie sich in Ihrem Verhalten nicht an der Ex – weder im Sinne eines Positiv- noch eines Negativbeispiels. Lassen Sie sich lieber davon leiten, was Ihnen wirklich entspricht – und was Ihr Partner und Sie voneinander wollen.

DIE STIEFMUTTER: DAS UNBEKANNTE WESEN

Was heißt hier Stiefmutter?

Stiefmütter sind nicht sympathisch. Sie sind böse, grausam, habgierig und ungerecht. Das jedenfalls ist das durch viele Märchen und Mythen geprägte Bild. Einige tausend Jahre Vorurteil lassen sich nicht so rasch beseitigen, auch wenn moderne Stiefmütter ihr Bestes tun, um ein Gegenprogramm zu etablieren.

Wer kennt nicht die bösen Stiefmütter bei Schneewittchen, Aschenputtel, Schneeweißchen und Rosenrot oder Frau Holle als Sinnbild für Habgier, Rachsucht und die Benachteiligung gepeinigter Stiefkinder. Während im Märchen die Mutterliebe regelrecht magische Kraft besitzt, ist dort die Rolle der Stiefmutter fast immer total negativ besetzt.

Diese Märchen scheinen bis heute noch die Wahrnehmung von Stiefmüttern zu prägen. Amerikanische Studien aus den 80er-Jahren zeigen, dass von allen Mitgliedern einer Stieffamilie die Stiefmutter das schlechteste Ansehen hat. Damit wird die Stiefmutterschaft auch unter dem Image-Gesichtspunkt zur wenig erstrebenswerten Position. Oder haben Sie schon einmal ein junges Mädchen getroffen, das meint, es würde später gerne einmal Stiefmutter werden?

Die gesellschaftlichen Erwartungen an Stiefmütter sind in emotioneller Hinsicht höher als die an Stiefväter. Auch das zeigen uns nicht zuletzt die Märchen: Männliche Pendants zur bösen Stiefmutter gibt es da nie, der Mythos vom bösen Stiefvater existiert nicht. Wenn sie einmal in Geschichten vorkommen, dann sind Stiefväter großzügige, freundliche Menschen, die bereit sind, mit ihrer Frau auch die Kinder

eines anderen bei sich aufzunehmen. Sie scheinen weniger Probleme zu machen und zu haben als Stiefmütter.
Und das wohl kaum deshalb, weil Männer von vornherein sachlicher oder unproblematischer sind, sondern weil ihnen meistens noch immer in der Kinderbetreuung eine andere Rolle zukommt und weil die gesellschaftlichen Erwartungen an sie immer noch andere sind. Die zweiten Frauen fühlen sich daher oft in die Rolle gedrängt, die Aufgaben ihres Partners und der Ex zu übernehmen, wenn die Kinder da sind, und sich auf ungewohnte und oft überfordernde elterliche Pflichten einzulassen.

Ein wenig begehrter Titel

Obwohl immer mehr Frauen Stiefmütter sind, bekennen sich nur wenige gerne dazu. Viele versuchen das Problem des Negativ-Images für sich dadurch zu lösen, indem sie den Begriff Stiefmutter peinlichst vermeiden. »Mir ist es viel lieber«, beschreibt die Züricher Juristin Rosa, Teilzeit-Stiefmutter zweier halbwüchsiger Burschen, ein verbreitetes Gefühl, »wenn mich die Kinder anderen gegenüber nicht als ihre Stiefmutter bezeichnen, sondern als Ludwigs Frau. Das definiert unser Verhältnis eigentlich auch viel besser und hat nicht diesen negativen Beigeschmack.«
Ähnlich erlebt die 36-jährige Betriebswirtin Tina, deren Mann zwei Töchter aus früheren Beziehungen hat, die heikle Frage der Nomenklatur: »Neulich hat mich Werners jüngere Tochter, die mich immer beim Vornamen ruft, einem anderen Mädchen gegenüber Stiefmutter genannt. Ich habe gemerkt, dass mich das maßlos irritiert hat, wahrscheinlich, weil dieser Begriff eine so auf die Rolle der Bösen festnagelt. Das verbaut alles, was es an Positivem in einer solchen Konstellation gibt. Darum ist es für mich so wichtig, für diese neuen Beziehungen auch neue Bezeichnungen zu finden, um ein Gegenmuster und eine Gleichwertigkeit mit den traditionellen Familien zu finden.«
Eine Forderung, die wohl noch länger ihrer Erfüllung harren dürfte, auch wenn immer wieder versucht wird, modernere Formeln zu finden; die »Co-Mama« hat sich zum Beispiel in den USA schon auf einschlägigen Web-Sites etabliert.

Mit viel Druck gegen das Image

Aber nicht nur gegen ihre familiäre Berufsbezeichnung als Stiefmütter laufen viele zweite Frauen an. Sie setzen sich oft auch stark unter Druck und verlangen sich ganz besonders viel ab. Weil uns das fragwürdige Image noch immer anhaftet, versuchen wir Zweiten oft mit allen Mitteln das Gegenteil zu beweisen: Dass Stiefmütter nämlich edel, hilfreich und gut sind und alles für das Wohl der Stiefkinder tun. Solche überhöhten Ansprüche machen es nicht leichter, souverän und richtig zu reagieren.

Der Wille, alles perfekt zu machen, ist eine selbst errichtete Hürde, die für viele Zweite kaum bewältigbar ist. Sie reiben sich auf und machen gerade deshalb vieles falsch. Sie erreichen mit damit im Extremfall genau das, was sie vermeiden wollten: Geringschätzung.

SECOND-WIVES-TIPPS

- **Vergessen Sie Schneewittchen, Aschenputtel und Co: Sie wissen selbst am allerbesten, dass Stiefmütter nicht böse sind – jedenfalls nicht alle. Wenn Ihre Stiefkinder noch im märchenbegeisterten Alter sind, machen Sie sich doch einen Spaß daraus, mit ihnen gemeinsam die Geschichten neu zu erfinden – mit einer netten Stiefmutter im Mittelpunkt.**
- **Stellen Sie sich bei den Kindern gleich von Anfang an so vor, wie Sie angesprochen werden möchten. Am besten ist wohl der Vorname oder irgendeine auch von ihren Freunden verwendete Abkürzung davon. Sprechen Sie auch mit Ihrem Partner darüber, dass Einführungen wie »das ist eure neue Mami« wenig geglückt sind und die Kinder nur in Opposition treiben. Die Stiefmutter ist das weibliche Oberhaupt der (Teilzeit)-Stieffamilie, eine Mutter ist sie deshalb aber noch lange nicht. Die Kinder werden Ihnen sicher auch dankbar für Vorschläge sein, wie sie Sie nennen und Dritten gegenüber beschreiben sollen.**
- **Gehen Sie nicht in die Perfektionsfalle. Sie haben in eine Vater-Kind-Beziehung eingeheiratet, das bedeutet aber noch nicht, dass Sie die Verantwortung dafür tragen, alle Beteiligten auf Schritt und Tritt glücklich zu machen.**

Mutter ohne Vorbereitung

»Man unterschätzt wirklich völlig, was durch Kinder aus einer früheren Ehe auf eine zweite Frau alles zukommt«, bringt die 38-jährige Grazerin Rotraud das Gefühl auf den Punkt, das sie wie viele andere Stiefmütter beschlich, nachdem sie vor fünf Jahren Willi geheiratet hatte, Vater einer damals fünfjährigen Tochter und eines 13-jährigen Sohnes. »Kinder bringen einfach eine ganz andere Dimension in die Beziehung.«

Auch wenn es viele zweite Frauen zu Beginn anders einschätzen: Die Tatsache, dass der neue Mann Kinder in die Beziehung mitbringt, kann die beste Partnerschaft stark belasten. Denn alles geht dann ein wenig schnell, die meisten von uns Zweiten werden Partnerin und Stiefmutter – oder Teilzeit-Stiefmutter – in einem Schritt. Auch wenn die Kinder nicht beim neuen Paar leben, sondern »nur« regelmäßig zu Besuch kommen, bringen sie Dimensionen der Elternschaft und des Familienlebens in die junge Beziehung, die zwischen den neuen Partnern nicht langsam wachsen konnten. Zeit und Raum für einen unbeschwerten Partnerschaftsaufbau kommen dann oft zu kurz.

»Werners jüngere Tochter war von Anfang an etwa die halbe Zeit bei uns«, erzählt die 36-jährige Betriebswirtin Tina, die vor ihrer Beziehung jahrelang als Single lebte. »Für mich war das belastend. Da kommt ein Kind mit Vater-Anspruch in diese Paarbeziehung und schafft dadurch auch Familienatmosphäre – etwas, das ich damals ganz sicher nicht gesucht habe. Für mich war meine berufliche Weiterentwicklung interessant und die Beziehung zu diesem Mann, die langsam wachsen musste, aber keine Familie. Und plötzlich musste ich meinen Lebensrhythmus völlig umstellen, ein familienverträgliches Leben führen, kinderverträgliche Aktivitäten mitmachen und konnte meine Freizeit nur mehr sehr eingeschränkt gestalten. Das war eine ziemliche Nagelprobe.«

Ganz schön herausfordernd

Auch wenn viele zweite Frauen eine gewisse Vorstellung davon haben, dass es wohl nicht ganz einfach ist, über Nacht nicht nur

Partnerin, sondern auch Stiefmutter zu sein, sind viele von uns nicht ausreichend darauf vorbereitet, wie schwierig das sein kann. Die meisten schlüpfen in die neue Rolle ohne eine Vorstellung, eine Theorie oder konkrete Anhaltspunkte dafür, was da in Sachen Schule, Urlaubsplanung, Erziehungsfragen oder Geld auf sie zukommen könnte.

Zumal die Rolle als Stiefmutter sehr facettenreich sein kann, wie die 28-jährige Berliner Journalistin Lilly erzählt: »Das ist eine ziemlich vielfältige Rolle, die ich da plötzlich unvorbereitet spielen muss. Ich muss das Kind glücklich machen – aber ohne Geld und Geschenke, damit die Mutter nicht verletzt ist. Ich muss meinem Mann eine glückliche Tochter präsentieren – der Ärmste muss ja so viel arbeiten. Und der Erstfrau muss ich eine nicht allzu glückliche Tochter wiederbringen – es soll ihr bei uns ja nicht besser gefallen als zu Hause.« Das alles ohne einschlägige Erfahrung hinzubekommen ist eine ziemliche Herausforderung.

Die Neue muss ein Kind kennen lernen und mit ihm leben lernen, dessen Eigenheiten, Lebensgewohnheiten und Geschichte ihr fremd sind. Viele Zweite haben keine eigene Erfahrung als Mutter – was sie nicht nur gegenüber den Kindern unsicher macht, sondern was auch in ihrem gesellschaftlichen Umfeld selbst heute noch ein Stigma darstellen kann. Frauen, die sich bewusst gegen eine Mutterschaft und für ihre Karriere entschieden haben, gelten immer noch als »kalt« oder »unweiblich«. Kommt zu dem noch das Image der bösen Stiefmutter, sind viele Zweite überfordert. Sie sind unsicher, wie sie mit dem Kind umgehen sollen, lehnen die Mutterrolle innerlich ab und tun sich entsprechend schwer, den Stiefkindern entspannt, tolerant und liebevoll zu begegnen.

»Ich weiß oft nicht genau, wie ich mit den Mädchen umgehen soll«, beschreibt die 31-jährige Webdesignerin Doris aus Wien ihre Unsicherheiten mit den Töchtern ihres Mannes, die etwa die Hälfte der Zeit bei ihnen leben. »Ich rede zum Beispiel nicht viel. Ihre Mutter redet ununterbrochen mit den Kindern. Ich denke dann oft, wenn sie da sind, ich müsste jetzt was sagen, aber dann weiß ich nicht was. Ich will ja nicht über Erwachsenenthemen mit ihnen reden, und was anderes fällt mir oft nicht ein. Da tut man sich als Mutter sicher leichter. Aber im Grunde ist es vielleicht ganz gut, dass ich da jetzt irgendwie die Mutterrolle üben kann, bevor ich eigene Kinder habe.«

Was beunruhigte zweite Frauen vielleicht beruhigen mag: Eigentlich besteht in den meisten Unsicherheiten, wie frau mit Kindern am besten umgeht, gar kein so großer Unterschied zwischen einer Neo-Stiefmutter und einer jungen Mutter. Nur die gesellschaftlichen Erwartungen an die Zweite – und oft auch ihre eigenen Erwartungen – scheinen anspruchsvoller zu sein.
Auch biologische Mütter haben meistens hohe Ansprüche, die Dinge nur ja richtig zu machen. Durch das ständige Zusammensein und das langsame Zusammenwachsen mit den Kindern lernen sie aber üblicherweise realistischer zu sein, Ansprüche zurückzuschrauben und gelegentlich auch die Böse zu sein, ohne deshalb gleich sich, die Beziehung zu den Kindern und die Partnerschaft grundsätzlich in Frage zu stellen. Diese Zeit des Sich-Einstellens hat die Zweite leider nicht.

Teilzeit oder Vollzeit?

Schon die Tatsache, plötzlich Teilzeit-Stiefmutter zu werden, bedeutet – vor allem für die vielen Zweiten, die selbst keine Kinder haben – eine radikale Umstellung ihres bisherigen Lebens. Bekommt ein Paar ein Kind, hat es zumindest neun Monate Zeit, sich an den Gedanken zu gewöhnen, dass zukünftig die Uhren anders ticken werden. Stiefmutter hingegen werden Sie ohne diese Eingewöhnungsphase.
Meistens werden die Väter nach einer Scheidung zu Wochenendvätern: Ihre Kinder leben bei ihrer Mutter und bekommen den Vater – und mit ihm natürlich ihre Teilzeit-Stiefmutter – nur an Wochenenden und in den Ferien zu Gesicht. Viele Männer gehen dann ganz selbstverständlich davon aus, dass die neue Partnerin ihre Kinder mitversorgt und für die Zeiten des Zusammenseins die Mutterrolle übernimmt.
Besonderer Stress kommt dann auf, wenn die Kinder ganz ins Haus kommen sollen. Entscheiden sie sich irgendwann, doch lieber bei ihrem Vater leben zu wollen – oder entscheiden das die leiblichen Eltern für sie –, wird die Zweite plötzlich zur Alltagsstiefmutter. Gar nicht so selten wird sie nicht einmal gefragt, ob sie damit einverstanden ist. Will sie mit dem Partner zusammenbleiben, muss sie das eben einfach akzeptieren.

»Irgendwann habe ich zufällig mitgehört, dass Peter mit seiner Ex in Frankreich telefoniert und mit ihr darüber diskutiert hat, das Sorgerecht für den Kleinen zu bekommen und ihn zu sich zu nehmen«, erinnert sich die 43-jährige Münchner Sozialwissenschaftlerin Marion an eine kritische Phase ihrer Beziehung. »Zu sich – das hätte ja geheißen zu uns. Und er hat mich nicht einmal gefragt, ob ich das auch will. Hätte er das wirklich so durchgezogen, wäre ich wahrscheinlich gegangen.«
Auch wenn Sie im Fall des Falles vielleicht zu einem weniger radikalen Ergebnis kommen als Marion: Sie sollten darauf bestehen, dass Ihr Partner eine so einschneidende Entscheidung wie das dauerhafte Zusammenleben mit seinen Kindern mit Ihnen ausführlich bespricht und Sie beide Ihre künftigen Rollen in einer solchen Konstellation ausreichend definieren. Nur so ist ein einigermaßen geglückter Start in die neue Stieffamilie denkbar, wie auch die 38-jährige Unternehmensberaterin Rotraud aus Erfahrung weiß: »Weil er es wohl immer recht angenehm bei uns gefunden hat, wollte Willis Sohn irgendwann, als er es mit seiner Mutter nicht mehr aushielt, zu uns kommen. Ich habe mir sehr lange überlegt, unter welchen Bedingungen ich mir das vorstellen kann, ein dauerhaftes Familienleben mit ihm zu führen«, erinnert sich Rotraud an eine nicht ganz einfache Diskussion. »Nach extrem vielen Debatten wurde mir klar, dass mein Mann als Vater gefragt ist und seinen Pflichten nachkommen muss. Und nach der ersten Ohnmacht und Ablehnung der neuen Situation habe ich mir auch gedacht, ich würde ihn nicht lieben, wenn er sich aus seiner Verantwortung stiehlt. Wir hatten dann auch alles ausgetüftelt und vorbereitet – aber dann ging er doch in ein Internat in Deutschland und nicht zu uns. Trotzdem hat sich die Beziehung zwischen Willi und seinem Sohn dadurch enorm intensiviert.«

SECOND-WIVES-TIPPS

● Kaum eine Frau ist ausreichend darauf vorbereitet, Stiefmutter zu sein – egal ob sie selbst schon Kinder hat oder nicht. Hören Sie sich im Bekannten- oder Kollegenkreis um, wie andere Stiefmütter mit ihrer Rolle umgehen, und suchen Sie sich positive Vorbilder. Von den Erfahrungen anderer können Sie profitieren und Sie

müssen in der Definition Ihrer neuen Rolle nicht auf vorurteilsbeladene Märchen oder Bilder aus Ihrer eigenen Kindheit zurückgreifen.

- **Erwarten Sie weder, dass Sie die Kinder gleich nett und sympathisch finden, noch dass die Kinder das tun. Geben Sie sich Zeit, einander kennen zu lernen.**
- **Wenn Sie von heute auf morgen plötzlich mit Kindern konfrontiert sind, woher sollten Sie dann wissen, wie Sie optimal mit ihnen umgehen sollen? Ihr Partner ist mit ihnen vertrauter. Sprechen Sie mit ihm über Ihre Unsicherheiten und fragen Sie ihn um Rat im Umgang mit den Kindern. Das bringt Ihnen nicht nur wichtige Informationen, sondern zeigt ihm auch, dass Sie engagiert, aber unsicher sind.**
- **Bestehen Sie darauf, dass er Sie in so wichtige Entscheidungen wie der Frage, ob die Kinder nur teilweise oder ganz bei Ihnen leben sollen, einbindet. Schließlich hat das einen gewaltigen Einfluss auch auf Ihre Lebensgestaltung. Besprechen Sie mit ihm ausführlich, welche Verantwortlichkeiten er gegenüber den Kindern übernimmt und welche Beiträge er von Ihnen erwartet. Klären Sie für sich, ob Sie bereit und in der Lage sind, den Ihnen zugedachten Part auch auszufüllen.**
- **Wenn Ihnen die Belastungen, die Stiefkinder einer Beziehung auferlegen können, wieder einmal zu viel werden, bedenken Sie: Sie haben sich mit einem Vater zusammengetan, nicht mit einem ungebundenen Junggesellen. Auch dass er die damit verbundenen Verantwortungen wahrnimmt, ist Teil der Persönlichkeit, in die Sie sich verliebt haben.**

Keine Rechte, nichts als Pflichten?

»Ich habe seine Ex oft beneidet«, beschreibt Katja, eine 40-jährige Bankangestellte aus Hamburg, die mit ihrem Mann Erich zwei Teilzeit-Stiefsöhne betreut, ein unter zweiten Frauen verbreitetes Gefühl: »Sie hatte die Wochenenden immer frei. Und ich hatte plötzlich an meinen freien Tagen die typischen Elternpflichten und natürlich keine Zeit für mich.«

So wie Katja sind viele Zweite überwältigt von den Haushalts- und

Versorgungspflichten, die durch die Anwesenheit seiner Kinder plötzlich über sie hereinbrechen. Zumindest vermeintlich. Denn selten wird der Anspruch, am Wochenende zur Vollblutmutter zu mutieren, direkt und eindeutig an sie herangetragen. Oft spielen sie von sich aus eine elterliche Rolle, nur weil sie glauben, dass ihr Partner das alleine nicht schafft. Zum Delegieren gehören immer zwei: Neben dem, der Aufgaben verteilt, auch immer die, die sie ausführt.

Wenn Sie später nicht mit der Versorgungspflicht für Ihre Stiefkinder überlastet und über das enge Rollenkorsett verärgert sein wollen, dann setzen Sie am besten gleich von Anfang klare Grenzen und erklären Sie sich nicht »reflexhaft« zuständig für die zusätzliche Haus- und Versorgungsarbeit. Auch Männer sind in der Lage, Windeln zu wechseln, die Kinder in die Ballettstunde zu bringen, ihnen ein Abendessen zu kochen oder ihre Kleider zu waschen. Sonst kann es sich rasch so einspielen, dass alles, was mit der Kinderversorgung zu tun hat, sich zwischen den beiden Frauen abspielt – der Ex und Ihnen – statt zwischen den beiden leiblichen Eltern. Und das sind nun mal Ihr Mann und seine Ex.

Nur die Nachteile?

»Mich belastet mein Status als Quasi-Zweitmutter sehr. Ich muss immer funktionieren, Rücksicht nehmen, erwachsen und vernünftig sein, meine Bedürfnisse hintanstellen, bekomme aber keine Liebe dafür zurück, wie sie Kinder für ihre Mütter haben.« So beschreibt die 31-jährige Doris, die mit ihrem Mann Max die Hälfte der Woche seine beiden Töchter, 12 und 14, aus einer früheren Beziehung versorgt, ein unter Stiefmüttern verbreitetes Gefühl. »Ich denke dann oft, dass ich eigentlich nur die Nachteile der Mutterschaft habe, aber nicht die Vorteile. Ich nehme viele Versorgungsfunktionen wahr, aber weil ich auch diese Mutterliebe nicht spüre, mache ich das alles nur über den Kopf, aus Vernunft und Disziplin.«

Wie Doris beklagen viele zweite Frauen, dass ihnen in Sachen Stiefkinder ständig Rücksichtnahme abverlangt wird. Sie haben das Gefühl, immer nur zu geben und dafür nichts Gleichwertiges zurückzubekommen. Und zwar nicht nur von den Kindern selbst nicht, sondern häufig auch nicht vom sozialen Umfeld: Stiefmutter-

Bemühungen lässt man nicht die Anerkennung zukommen, die man biologischen Müttern völlig selbstverständlich zugesteht.
»Ich komme mir manchmal schon sehr benachteiligt vor«, bringt es die 33-jährige Teilzeit-Stiefmutter Iris auf den Punkt. »Die Mutter der Kinder kann nur ein paar Stunden die Woche arbeiten, angeblich wegen der Kinder, dabei habe ich die Kinder genauso oft und lange wie sie. Da würde ich gern mal die Gesichter der Leute sehen, wenn ich wegen der Kinder auf Teilzeit umsteigen würde. Ich frage mich oft, warum man eigentlich dauernd das Gefühl vermittelt bekommt, dass man nur voll akzeptiert wird und mitreden darf, wenn man so richtig schwanger war und so richtig ein Kind geboren hat. Ich verfalle zwar nicht in Mutterfantasien – die Kids haben eine Mutter und das bin ich nun mal nicht –, aber trotzdem verändert man sich ja mit ihnen und merkt, wie diese Kinder in deinem Leben Wurzeln schlagen und dir ihren Stempel aufdrücken. ›Richtige‹ Mütter nehmen einen aber nicht für voll.«
Biologische Mütter bekommen emotional für ihre Bemühungen und ihr Engagement etwas zurück: die »bedingungslose Kinderliebe«, die für leibliche Mütter reserviert zu sein scheint, und die gesellschaftliche Anerkennung, die auch 56 Jahre nach dem Ende des Mutterkreuzes dem Mythos Mutterschaft noch immer entgegengebracht wird.
Stiefmütter haben diesen natürlichen emotionalen Ausgleich für ihre Bemühungen, ihr Engagement und ihre Probleme nicht: Sie müssen andere Quellen finden, die ihnen ihr Stiefmutterleben befriedigend gestalten. Fragen Sie sich, statt emotional wieder einmal in die Falle des armen Opfers zu tappen, was Ihnen an dieser familiären Situation alles gefällt: Vielleicht ist es ja gar nicht so unangenehm, auf unverbindlicher Teilzeitbasis Ihren trotz Ihres Karrierebewusstseins irgendwo versteckten Kinderwunsch auf diese Weise zu erledigen und nicht später in eine Torschlusspanik zu verfallen? Vielleicht schmiedet Sie die gar nicht so einfache Herausforderung noch enger mit Ihrem Mann zusammen? Oder vielleicht genießen Sie es ganz einfach, gelegentlich Ihre eigene kindliche Ader zu pflegen – im Zoo, auf dem Rummelplatz oder im neuesten Walt-Disney-Movie: Als kinderloses berufstätiges Paar würden Sie sich solche Ausritte wohl kaum gestatten.

Rechtsfreier Raum?

Viele Stiefmütter beschäftigt die Tatsache, dass ihrem oft nicht unerheblichen Engagement keinerlei rechtliche Mitsprachemöglichkeiten gegenüberstehen. Stiefmütter übernehmen zwar faktisch Mit-Sorge für ihre Stiefkinder, gesetzliche Rechte freilich haben sie damit keine.

»Da flatterte neulich der Entscheid herein, dass Karstens Tochter jetzt nur mehr den Familiennamen ihrer Mutter trägt«, beschreibt Lilly, die sich schon wegen des enormen beruflichen Engagements ihres Mannes viel um ihre Stieftochter kümmert, eine vielen Zweiten nicht unvertraute rechtliche Auseinandersetzung mit der Ex. »Natürlich kam der Antrag wieder einmal in einer Phase, wo wir glaubten, dass gerade alles glatt läuft. Hauptsache, meine Vorgängerin hat sich wieder einmal durchgesetzt. Ich ärgere mich, aber mich fragt ja doch niemand. Ich bin nicht die Mutter, jedenfalls nicht bei den Rechten, nur bei den Pflichten.«

Das ist allerdings ein Status, den Österreichs zweite Frauen in den allermeisten Fällen auch mit dem leiblichen Vater der Kinder teilten. Denn ein gemeinsames Sorgerecht, wie es in vielen anderen europäischen Ländern längst existiert und das dem Vater eine Mitsprachemöglichkeit bei der Erziehung der Kinder erlaubt, wurde erst kürzlich nach heftigen Debatten vom Parlament beschlossen. Und das, obwohl Experten seit Jahren für die Möglichkeit – nicht etwa die Verpflichtung – zu einer solchen Vereinbarung stichhaltige Begründungen lieferten.

In Deutschland ist die gemeinsame Obsorge getrennter Eltern schon länger möglich, und zwar auch für nicht verheiratete Väter. In immer mehr Fällen einvernehmlicher Scheidungen wird sie auch tatsächlich vereinbart. Auch die Position der Zweiten wurde durch diese Reform des deutschen Familienrechts gestärkt. Kam sie in den früheren gesetzlichen Bestimmungen – so wie derzeit noch in Österreich – gar nicht vor, so ist heute geregelt, dass zum Wohl des Kindes auch der »Umgang mit Personen, zu denen das Kind Bindungen besitzt«, gehört. Das ist zwar kein Mitspracherecht, aber den Stiefmüttern wird damit zumindest ein Umgangsrecht mit ihren Stiefkindern eingeräumt; es tritt dann »in Kraft«, wenn sie mit ihnen längere Zeit im gemeinsamen Haushalt gelebt haben und die so entstandene Beziehung dem Kindswohl dient. Dann kann die Ex

den Kontakt der Zweiten zu den Kindern nicht mehr willkürlich untersagen. Auch nach einer Trennung von ihrem Partner kann so die Zweite unter Umständen das Recht haben, das Kind weiter zu sehen, wenn sie eine wichtige Bezugsperson geworden ist.
Über dieses Umgangsrecht hinaus haben Stiefmütter gegenüber den Kindern allerdings nur dann Rechte, wenn sie das Kind des Partners adoptieren. Sonst dürfen sie weder beim Aufenthalt des Kindes mitbestimmen noch bei Fragen der Schule und der Ausbildung. Sie dürfen keine Zeugnisse unterschreiben und kein Einverständnis zur ärztlichen Behandlung geben.
In der Praxis ist das natürlich nicht so einfach. Kinderbetreuung erfordert Entscheidungskompetenz. Im Alltag des Zusammenlebens entstehen gelegentlich Situationen, in denen Sie Entscheidungen für Ihre Stiefkinder treffen oder Auskunft erhalten müssen: Zum Beispiel, wenn Sie mit ihnen zum Arzt müssen, wenn Sie aus zeitlichen Gründen einmal den Elternsprechtag wahrnehmen oder wenn Sie vor einer Reise den Pass der Kinder verlängern lassen wollen. Um in solchen Situationen keine unangenehmen Überraschungen zu erleben, sollten Sie und Ihr Mann rechtzeitig mit der Ex vereinbaren, dass sie Ihnen für solche Fälle eine Vollmacht ausstellt.

SECOND-WIVES-TIPPS

● Sie sind weder Butler noch Taxifahrer und schon gar nicht das Hausmädchen. Regeln Sie die Verantwortlichkeiten für seine Kinder mit Ihrem Partner klar, bevor Sie das Gefühl haben, von Versorgungspflichten erdrückt zu werden. Es sind seine Kinder – überlassen Sie es also auch ihm, hinter ihnen herzuräumen, sie abzuholen und sie zum Fußballplatz zu fahren.

● Achten Sie darauf, dass Ihr Partner Sie auch einbezieht, wenn er mit seiner Ex Regelungen über Zeiten und Konditionen der Kinderbesuche trifft. Es sei denn, er übernimmt dann auch die Versorgung ganz allein. Aber üblicherweise werden Sie mitmachen, also ist es nur recht und billig, wenn Sie vorher auch bei der Planung mitreden können.

● Lassen Sie es nicht zu, sich in die negativen Gefühle zu verstricken, viel Verantwortung für die Kinder zu tragen und nichts

dafür zurückzubekommen. Ziehen Sie immer wieder auch eine Positivbilanz: Listen Sie alles auf, was Ihnen daran gefällt, gelegentlich in eine mutterähnliche Rolle zu schlüpfen.

- **Lassen Sie sich eine Vollmacht für Ärzte, Schulen oder Behörden ausstellen, wenn Sie die Kinder gelegentlich auch alleine betreuen. Wenn die Ex das aus Angst vor Kontrollverlust verweigert, sollten Sie klare Konsequenzen ziehen und auch Ihre Rolle als Versorgerin deutlich zurücknehmen.**

Skeptische Kinder: Boykott oder Paranoia?

»Fred wurde vor vier Jahren von seiner Ex verlassen, seither hat er seine zwei Kinder allein erzogen, mit Unterstützung seiner Mutter«, berichtet die 35-jährige Grazer Sekretärin Martina, die seit einem halben Jahr mit ihrem 45-jährigen Freund Fred zusammenlebt. »Nicht nur seine Mutter lehnt jeden Kontakt mit mir ab, auch die Kinder lassen mich dauernd wissen, wie angenehm es mit dem Vater war, bevor ich kam. Fred hat sich zwar klar zu mir bekannt, aber diese Reaktion belastet ihn sehr. Ich halte diese Spannung eigentlich nicht mehr aus, ich glaube, ich werde mich wieder von ihm trennen, auch wenn ich ihn sehr vermissen werde.«
Auch wenn es nicht immer zu solchen Konsequenzen führen muss wie bei Martina, die nach dem Interview tatsächlich in ihr Single-Dasein zurückkehrte: Dass Kinder der neuen Frau an der Seite ihres Vaters zunächst einmal alles andere als Sympathie entgegenbringen, ist eine Erfahrung, die den wenigsten zweiten Frauen erspart bleibt. Oft werden sie von ihren Stiefkindern in spe als Eindringlinge erlebt, bei deren Auswahl sie keine Mitsprache hatten. Vor allem neue und ungeübte Stiefmütter können es oft schwer ertragen, von den Kindern ihres Liebsten abgelehnt zu werden. Die Strategien, mit der fehlenden Akzeptanz umzugehen, sind dann nicht immer ganz glücklich gewählt. Manche ignorieren die negativen Gefühle einfach lange Zeit – bis es einmal aus völlig nichtigem Anlass zu Überreaktionen kommt. Andere versuchen, um die Ablehnung zu überwinden, besonders perfekt zu sein. Beides trägt freilich selten zur Entkrampfung der Beziehungen bei.

Große Kinder – große Sorgen?

Das Alter der Kinder kann für ihren Zugang zur neuen Gefährtin des Vaters eine nicht unerhebliche Rolle spielen. Kinder, die schon mitten in der Pubertät stecken oder sie sogar hinter sich haben, sind oft am schwierigsten: Sie wollen den Vater für sich alleine und gestehen es ihm nicht zu, ein eigenes Leben zu führen.
»Zu den Kindern meines Freundes habe ich leider so gut wie gar kein Verhältnis«, bedauert die 29-jährige Pharmazeutin Anna, die seit drei Jahren mit dem 49-jährigen Uni-Professor Othmar zusammenlebt: »Leider haben sie ihre Distanz nie so richtig aufgegeben. Vielleicht lag es daran, dass sie, als wir uns kennen lernten, schon fast erwachsen waren und es einfach nicht verstehen wollten, dass ihr Vater überhaupt noch einmal eine Beziehung beginnt, und das auch noch mit einer viel jüngeren Frau.«
In der Frage, wie reibungslos oder spannungsreich Stiefmütter und -kinder zueinander finden, kann neben dem Alter durchaus auch das Geschlecht der Kinder eine Rolle spielen. Viele Zweite berichten, dass sie sich mit ihren Stiefsöhnen viel leichter tun als mit den Stieftöchtern. Das hat wohl unter anderem damit zu tun, dass gleichgeschlechtliche Personen eher in einen Wettbewerb treten als gegengeschlechtliche. Vielleicht spielt dabei auch eine Rolle, dass Stiefmütter einfach genauere Vorstellungen davon zu haben glauben, wie ein Mädchen sein sollte – schließlich waren sie ja selbst einmal eines.

Wenn es ernst wird

Während viele zweite Frauen den Start einer Beziehung mit ihren Stiefkindern als besonders dornenreich erleben, beobachten andere, dass ihnen die Kinder ihres neuen Partners zunächst sehr entspannt entgegentreten. Erst wenn aus der Liaison mit dem Vater eine erkennbar stabile Dauerbeziehung wird, manifestiert sich dann häufig die Ablehnung.
»Eskaliert ist eigentlich alles erst, als wir geheiratet haben. Da hat Karls Tochter nicht nur verweigert zu kommen, sie hat ihrem Vater sogar die Einladung zurückgeschickt«, beschreibt Andrea die heftige Reaktion der heute 20-jährigen Tochter ihres Mannes auf

die Ankündigung, dass die beiden heiraten würden. »Dann hat sie ihm Briefe geschrieben, dass er sich unmöglich benimmt und dass doch sein Platz bei seiner Familie und nicht bei mir ist. Heiraten war offenbar so unwiderruflich, dass es klarere Fronten geschaffen hat. Diese Briefe haben Karl aber auch ein wenig die Augen geöffnet. Vorher war er sehr schuldbehaftet, aber da hat er dann gefunden, seine Ex und seine Tochter können ihm doch nicht vorschreiben, wie er sein Leben gestalten muss.«

Es ist nichts Persönliches

Wie auch immer die Ablehnung der Kinder Ihres neuen Lieblingsmannes sich Ihnen gegenüber artikulieren mag, machen Sie nicht den Fehler, Skepsis oder Boykottmaßnahmen persönlich zu nehmen. Auch wenn die Strategien nicht angenehm sind, die sie entwickeln, um Ihnen das Gefühl einer Außenseiterin zu geben, gibt es doch gar nicht so unverständliche Gründe dafür. Nicht zuletzt die möglichen Schauermärchen, die ihre Mutter ihnen über Sie erzählt.
Außerdem haben sie erst vor nicht langer Zeit miterlebt, wie sich die Ehe der Eltern aufgelöst hat. Unbewusst möchten sie es daher oft vermeiden, noch einmal einen Verlust zu erleben. Das kann dazu führen, dass sie zunächst der Neuen gegenüber mit ihrer Zuneigung sehr zurückhaltend sind, selbst wenn sie dieser durchaus zugestehen könnten, dass sie nett und anziehend ist. Oft wärmen sie erst langsam auf, wenn sie das Gefühl bekommen, dass die neue Frau auch wirklich länger in ihrem Leben bleiben wird und es die Annäherung überhaupt wert ist. Das ist ein sehr verständlicher Selbstschutz-Mechanismus. Und oft kämpfen sie mit Loyalitäts-Konflikten, die von der Ex – unbewusst oder bewusst – genährt werden.
In manchen Beziehungen zwischen Stiefkindern und Stiefmüttern wird es erst dann so richtig schwierig, wenn die Beziehung der Neuen zum Vater enger und stabiler wird. Auch das ist durchaus verständlich. Denn insgeheim träumen viele Kinder davon, dass sich die Eltern wieder vertragen und dass die ursprüngliche Familie doch noch einmal zusammenkommt. Doch mit der Beziehung zur zweiten Frau endet der Traum von der Versöhnung.
Dazu kommt, dass Kinder sich oft völlig unbegründet schuldig an

der Trennung der Eltern fühlen und schon deshalb versuchen, das frühere Paar wieder zusammenzubringen. »Am Anfang war es eigentlich ziemlich entspannt mit den Kindern«, erinnert sich Rosa, deren Mann mit seiner Exfrau zwei heute halbwüchsige Söhne hat. »Aber als ich bei Ludwig eingezogen bin, fragte sein jüngerer Sohn Manuel plötzlich ständig, ob er denn nicht nach Hause zurückkommen wolle.«

Geduld ist angesagt

Mit derartig viel emotionalem Gepäck im Schlepptau ist es klar, dass Ihre Stiefkinder einfach Zeit brauchen, um Sie langsam kennen zu lernen und auszutesten. Das kann viel Geduld erfordern. Sie sollten ihnen in dieser Zeit signalisieren, dass Sie weder ihre Mutter ersetzen noch ihnen den Vater wegnehmen wollen.

Im Umgang mit den Kindern eines geschiedenen oder getrennten Mannes ist ein vorsichtiges Kennenlernen ihrer Eigenheiten, ihrer Lebensgeschichte und ihrer Gewohnheiten angebracht. Kinder haben meist wenig Verständnis für die Verliebtheit ihres Vaters und empfinden die Neue meist eher als Eindringling und Konkurrentin, die sie misstrauisch beobachten. Gehen Sie getrost davon aus, dass die Ex nichts dazu beitragen wird, diesen Verdacht zu zerstreuen.

Kinder werden ausprobieren, wie weit sie gehen können, und schnell Schwächen – auch der neuen Beziehung – ausloten. Was Stiefmütter also brauchen, ist Gelassenheit und Zeit. Je weniger Sie versuchen, sich in die Beziehungen der Ursprungsfamilie einzumischen, und je besser es Ihnen gelingt, eine eigenständige Beziehung zu den Kindern aufzubauen, desto konfliktfreier wird sich der Umgang mit ihnen gestalten.

Absolute Konfliktfreiheit ist gar nicht nötig. Schon der Anspruch vieler Zweiten auf vollständige Harmonie ist unrealistisch und kann leicht zu einem Misserfolg führen. Wichtig: Rechnen Sie nie mit Liebe und Harmonie. Stellt sie sich ein, haben Sie Glück gehabt und sind privilegiert.

»Natürlich vergleichen einen die Kinder immer wieder mit der Mutter«, erinnert sich die heute 62-jährige Lisa an die Jahre, als ihre Stiefkinder noch klein waren. »Erst durch den Aufbau einer engeren Beziehung hören die Kinder auf mit dem ständigen Aufrechnen und die Chancen stehen nicht schlecht, von ihnen angenommen zu werden.«

SECOND-WIVES-TIPPS

- **Nehmen Sie zur Kenntnis, dass Sie zunächst einmal als unwillkommener Eindringling gesehen werden, der aus der Sicht der Kinder unter Umständen den Vater wegnehmen oder die Mutter ersetzen will. (Auch aus der Sicht der Ex, übrigens.) Aber nehmen Sie es nicht persönlich. Versuchen Sie die Beweggründe der Kinder für ihre Ablehnung nachzuvollziehen und drängen Sie sich nicht auf.**
- **Machen Sie sich klar, dass Boykottmaßnahmen der Kinder ein wenig geglückter Versuch sein könnten, die Eltern wieder zusammenzubringen. Diese etwas hilflosen kindlichen Bemühungen zeigen Ihnen auch, dass es nicht an Ihnen liegt, sondern an der Vorgeschichte. Sie machen also nichts falsch.**
- **Bringen Sie Ihren Partner dazu, mit den Kindern über die Gründe der Trennung zu reden. Wenn ihnen klar wird, dass sie nicht die geringste Schuld daran haben, müssen sie auch die neue Beziehung weniger sabotieren.**
- **Nehmen Sie sich Zeit, Ihre Beziehung zu den Kindern zu entwickeln. Bauen Sie langsam Ihren eigenen Stil im Umgang mit den Kindern auf. So erleichtern Sie es ihnen, Sie als eigenständige Person wahrzunehmen und nicht als Konkurrentin ihrer Mutter.**
- **Verzichten Sie nicht auf Ihre eigenen Ansprüche aus Angst, die Zuneigung der Kinder zu verlieren.**

Zwischen den Fronten: Loyalitätskonflikte

Skepsis, Ablehnung, vielleicht sogar der eine oder andere offensive Akt des Boykotts: Wer als zweite Frau immer wieder auf solche Reaktionen stößt, tut sich nicht immer leicht, die optimalen Umgangsformen mit den Kindern aus einer früheren Beziehung des Partners zu finden. Viele Stiefmütter versuchen als Antwort auf die verletzende Ablehnung besonders engagiert und den Kindern die bessere Mutter zu sein. Statt den ihnen mit anvertrauten Heranwachsenden zu helfen, machen sie ihnen den entspannten Umgang mit der Neuen damit allerdings manchmal noch schwerer. Kinder haben es nach einer Scheidung ohnehin nicht ganz leicht, sich zwischen den jetzt getrennt lebenden Eltern zu orientieren. Tritt dann auch noch die ganz perfekte und liebevolle Stiefmutter in ihr Leben, kommt unter Umständen noch ein zusätzlicher Loyalitätskonflikt dazu.

Engagieren Sie sich daher mit der nötigen Distanz. Lassen Sie der Beziehung Zeit, damit sie organisch wachsen kann. Lassen Sie die Kinder langsam an sich herankommen und überfordern Sie sie nicht. Hier das richtige Maß an Nähe zu finden ist schon deshalb besonders wichtig, weil viele Scheidungskinder – völlig unabhängig vom konkreten Verhalten der Neuen – durch die Signale ihrer Mutter in eine emotional besonders verwirrende Situation geraten. Manche Exfrauen sehen in ihrer Nachfolgerin eine Frau, die vom Leid des Lebens noch nicht so hart getroffen wurde wie sie selbst und die daher entspannt durchs Leben gehen kann. Diese Leichtigkeit könnte auch bei den Kindern gut ankommen, befürchten sie. Und weil schon ihr Exmann bewiesen hat, dass er die Neue attraktiv findet, könnten auch die Kinder auf die Idee kommen, von ihr hingerissen zu sein. Die Zweite wird also als eine ernst zu nehmende Konkurrentin für die Liebe der Kinder erlebt, denn immerhin hat sie es ja auch geschafft, die Liebe des Vaters zu erobern. Hat sich die Ex in derartige Gefühle verstrickt, ist es aus ihrer Sicht auch nur konsequent, der keimenden Annäherung der Nachfolgerin an ihre Kinder einen Riegel vorzuschieben. Der Reigen der dazu tauglichen Methoden kennt bekanntlich keine Grenzen.

Achtung, Störmanöver

»Ihre Mutter hat Karstens Tochter regelrecht in einen Konflikt getrieben«, analysiert die 28-jährige Berliner Journalistin Lilly das Verhalten ihrer Vorgängerin. »Nach einer längeren Besuchspause wollte sie plötzlich gar nicht mehr kommen. Dieser Stimmungswandel passte eigentlich gar nicht zusammen mit den Geschichten, die plötzlich die Ex erzählte: Das Mädchen sei immer so traurig, wenn sie von uns wieder nach Hause müsse. Daher habe sie ihr auch vorgeschlagen, ganz bei uns zu wohnen. Das war es also. Das kann man einem sechsjährigen Kind doch nicht ernsthaft anbieten! Natürlich wird sie der Mutter zeigen wollen, dass sie ihr viel lieber ist und sie im Ernstfall auf den Vater verzichtet.«

Nicht immer ist es eine so ausgefeilte Doppel-Strategie, die Exfrauen entwickeln, um den Kindern das Leben bei ihrem Vater und seiner neuen Partnerin madig zu machen. Auch wenn sie ihren Verflossenen und seine Frau anpatzen, können sie ihre Kinder in einen emotionellen Stress bringen. Die Kinder finden sich dann in einer unangenehmen Zwickmühle wieder: Fühlen sie sich bei Vater und Stiefmutter wohl, dann müssen sie das der Mutter gegenüber verleugnen. Die Äußerungen der Mutter müssen sie verheimlichen, weil sie die Stiefmutter, an die sie sich langsam annähern und die sich um sie bemüht, nicht kränken wollen. Das ist für ein Kind ganz schön üppig.

Diese Verwirrung der kindlichen Gefühle kann sich dann noch verschlimmern, wenn Mütter sich außerdem bemühen, den Kontakt zwischen den Kindern und der Neuen zu beschränken oder überhaupt zu unterbinden. »Die Frau meines Freundes ist wegen eines anderen ausgezogen und hat die beiden Mädchen mitgenommen«, erzählt die 28-jährige Sandra. »Mein Freund darf kräftig Unterhalt zahlen und im Gegenzug dürfen ihn die Kinder jedes zweite Wochenende und in den Ferien besuchen. Nun kam ein Anwaltsbrief, mit dem sie den Kontakt der Kinder mit mir untersagt. Sie wünscht nicht, dass die Kinder unbeaufsichtigt mit mir zusammen sind, und ich darf sie auch nicht zum Besuchswochenende abholen. Mich belastet das sehr, dass sie einfach über mich urteilt und behauptet, das Zusammensein mit mir habe einen schlechten Einfluss auf die Kinder. Die Mädchen hängen an mir und wir kommen gut miteinander aus. Ich gebe ihnen wohl die Aufmerksamkeit, die sie zu Hause nicht haben. Das ist ihr ein Dorn im Auge und jetzt schießt sie gegen mich.«

Eine Lösung derartiger Probleme kann es nur langfristig geben. Nämlich dadurch, dass Kinder ihre Mütter schrittweise nicht mehr idealisieren, sondern beginnen ihr Verhalten realistisch einzuschätzen. So nahe liegend es auch oft scheint, wenn die Ex die Kinder in Loyalitätskonflikte bringt, indem sie gegen Sie intrigiert oder Sie schlecht macht: Erliegen Sie nicht der Versuchung, es ihr mit gleicher Münze zurückzuzahlen. Sie bringen die Kinder in eine noch viel schlimmere Situation. So schwer es auch fallen mag, bewahren Sie Ruhe und kommentieren Sie die Aktionen der Ex nicht – jedenfalls nicht vor den Kindern. Die Zeit ist auf Ihrer Seite – irgendwann sind sie in der Lage, sich selbst ein realistisches Bild von allen Erwachsenen in ihrem Leben zu machen.

Klarheit über die Rollen

Je souveräner Sie als Stiefmutter agieren, umso selbstverständlicher können die Kinder ihre Doppelrolle als Kind und Stiefkind annehmen und umso leichter können sie ohne Treue- oder Loyalitätskonflikt beide Eltern weiterhin lieben und Sie als neue Frau im Leben ihres Vaters akzeptieren.

»Ich habe es wirklich bewundert, wie Willis Sohn das hingekriegt hat. Bei unserer Hochzeit vor fünf Jahren war er einem Trommelfeuer von Fragen ausgesetzt, wie das alles für ihn ist«, beschreibt die 38-jährige Rotraud die gelungene Entspannung der Beziehung zu ihrem heute 18-jährigen Stiefsohn. »Er hat gemeint, er fände das schon gut so, weil seine Mutter eben die geschiedene Frau seines Vaters ist, der jetzt eine neue Frau hat, die im Übrigen ganz in Ordnung sei. Aber sein Vater bleibt sein Vater. Das hat mich beeindruckt, mit welcher Klarheit er diese verschiedenen Rollen auseinander sortiert hat. Ich hatte mir das viel schwieriger vorgestellt, aber er konnte das tatsächlich als einen neuen Abschnitt und eine neue Geschichte wahrnehmen.«

SECOND-WIVES-TIPPS

- **Auch wenn die Ex vor den Kindern gegen Sie intrigiert: Sie haben es nicht nötig, das Gleiche zu tun. Egal, wie schwierig die Ex ist, kritisieren Sie ihr Verhalten nicht vor den Kindern. Fragen Sie allenfalls an heiklen Punkten nach und führen Sie so die Kinder auf die richtige Spur. Irgendwann werden sie zu ihrer eigenen Einschätzung über die Erwachsenen in ihrem Leben kommen.**
- **Versuchen Sie Verständnis für die Situation der Mutter Ihrer Stiefkinder zu entwickeln. Seien Sie freundlich und höflich zur Ex,**

auch wenn es schwer fällt. Für die Kinder ist es in ihrem Loyalitätskonflikt sehr entlastend, wenn sie sehen können, dass jedenfalls Sie ihrer Mutter respektvoll und ohne offenen Hass begegnen – selbst wenn es umgekehrt nicht immer so ist.

- **Kinder brauchen die Gewissheit, dass ihre aufkeimende Zuneigung zur Stiefmutter kein Verrat an der leiblichen Mutter ist. Vermeiden Sie Botschaften, die in den Kindern dieses Gefühl auslösen könnten.**
- **Wenn Sie in einen Wettstreit mit der leiblichen Mutter treten, werden Sie ihn verlieren. Nutzen Sie Ihre Energie lieber dafür, den Kindern eine individuelle Partnerin zu werden und Ihren persönlichen Weg zu ihnen zu finden.**

Eifersüchtig auf die Kinder: Wer ist hier wichtiger?

Für Stiefmütter ist es nicht immer einfach zu akzeptieren, dass sie in der neuen Beziehung mit einem Mann nicht die unumstrittene Nummer Eins sind. Möglicherweise rangieren die neuen Frauen in der Skala der Zuneigung geschiedener Väter gleichauf mit seinen Kindern am Spitzenplatz – allein sind sie dort jedenfalls nicht. Denn die Beziehung zwischen Vater und Kindern hat nicht nur die älteren Rechte, sie ist zumeist auch eine viel bedingungslosere als die zwischen Mann und Frau.

»Da gibt es einfach eine Hierarchie, zeitlich und emotional, zwischen mir und den Kindern zu deren Gunsten«, bringt die 38-jährige Grazer Unternehmensberaterin Rotraud die unterschiedlichen Beziehungs-Dimensionen auf den Punkt. »Ich habe Willi eben als Vater kennen- und lieben gelernt und an diesen Bedingungen kann ich nicht rütteln. Natürlich wünsche ich mir auch manchmal, es würde weniger Zeit und Energie zu den Kindern fließen, und dafür uns beiden als Paar zugute kommen. Vor allem, weil wir bei unseren Jobs ja ohnehin extrem darauf aufpassen müssen, dass uns eine gewisse gemeinsame Lebensqualität bleibt.«

Stiefkindern gilt gesellschaftlich viel Sympathie. Sie gelten als bemitleidenswerte und bedauernswerte Wesen, weil ihre Eltern sich getrennt haben oder ihre Mutter gestorben ist. Doch das Klischee

ist – wenn ihre Väter sich engagieren – ebenso falsch wie jenes von der »bösen Stiefmutter«. Die meisten Zweiten missgönnen es den Kindern keineswegs, dass ihr Vater sie liebt und ihnen viel Zeit widmet. Doch angesichts der Hauptrolle, die sie im Leben mancher Väter spielen, ist es kein Wunder, dass sie gelegentlich eifersüchtig auf ihre Stiefkinder sind.
Das ist auch nicht verurteilenswürdig, sondern eine völlig normale Reaktion. Ihr Partner hat es in dieser Situation übrigens auch nicht ganz einfach: Möglicherweise fühlt er sich gelegentlich zwischen Ihnen und den Kindern hin- und hergerissen und muss erst die richtige Balance finden, um in diesem neuen Beziehungsgeflecht jedem und jeder das seine und ihre zu geben. Lassen sie ihm Zeit dafür und unterstützen Sie ihn dabei. Was ihm ganz sicher nicht hilft, ist, dass Sie um seine Zeit und Zuneigung mit den Kindern rittern.

Kinder sind keine Rivalen

Natürlich fällt es – vor allem zu Beginn einer Beziehung – nicht leicht, sich als Zweite emotional zurückzunehmen. Sie sollten aber einen Fehler nicht machen – nämlich den, die Kinder als Rivalen zu sehen, die sie nicht sind. Schließlich ist es doch verständlich, dass sie nach der meist noch nicht lange zurückliegenden Trennungserfahrung an ihrem Vater hängen.
»Gerds Tochter Doris war nach seiner Trennung von seiner früheren Freundin extrem auf ihren Vater fixiert«, beschreibt die 40-jährige Tirolerin Bella die Anfänge ihrer mittlerweile 17-jährigen Beziehung. »Damit konnte ich schlecht umgehen. Wenn sie am Wochenende zu uns kam, fühlte ich mich immer wie das fünfte Rad am Wagen. Das ist im Lauf der Zeit immer besser geworden. Einer meiner größten Fehler am Anfang war sicher, dass ich seine Tochter als Rivalin gesehen habe. Ich habe einfach nicht verstanden, dass das emotional etwas ganz anderes ist.«
Viele Väter bauen erstmals dann, wenn sie sich jenseits der ursprünglichen familiären Konstellation am Wochenende um ihre Kinder kümmern, eine intensive Beziehung zu ihnen auf: Klar, dass das Zeit und Raum braucht. Haben Sie als neue Frau die Geduld und Sicherheit, dem Vater und den Kindern das auch zu lassen.

Drängen Sie sich nicht sofort als neue Glucke dazwischen. Lassen Sie sich aber auch nicht hineindrängen, nur weil er Entlastung sucht. Es ist für alle Beteiligten auf Dauer besser, wenn sich zunächst einmal die Vater-Kinder-Beziehung stabilisiert.

Kein Platz für alle?

»Wenn zu Beginn unserer Beziehung Karls Tochter bei ihm übernachtet hat, dann war das eine sehr exklusive Angelegenheit«, erzählt die 42-jährige Wiener Sozialarbeiterin Andrea. »Da durfte ich gar nicht da sein. Solange wir noch getrennte Wohnungen hatten, bin ich also zu mir gegangen. Als wir dann zusammengewohnt haben, ist sie aus Protest gar nicht mehr gekommen. In meiner Wahrnehmung wollte sie die Partnerin spielen und allein den gesamten Platz an seiner Seite einnehmen. Ich hatte immer das Gefühl, dass sie mir den Platz als Frau an seiner Seite streitig macht.«

Nicht immer ist es der Kampf um den Platz an seiner Seite, der das Verhältnis zwischen zweiter Frau und Kindern hürdenreich gestalten kann. Es gibt auch jede Menge anderer Gründe, warum Stiefmütter Eifersucht gegenüber ihren Stiefkindern entwickeln. Zum Beispiel, weil ihr Partner den Kindern so viel Aufmerksamkeit zukommen lässt, dass sie sich dabei ausgeschlossen vorkommen. Es ist auch nicht ungewöhnlich, dass neue Frauen auf die Beziehung ihres Mannes mit der Ersten eifersüchtig sind – und dieses Gefühl dann auf die Kinder übertragen. Schließlich sind sie die permanente Erinnerung daran, dass es diese Beziehung einmal gab. »Immer wenn ich seine Tochter anschaue«, bringt es auch Andrea auf den Punkt, »denke ich automatisch an die Ex. Und das macht mich vermutlich noch wütender als ihr konkretes Verhalten.«

Ich will mehr Zeit

Häufig ist es gar nicht so sehr die Angst, emotional zu kurz zu kommen oder von ihrem Mann nicht ausreichend geliebt zu werden, die viele zweite Frauen und Stiefmütter einen gewissen eifersüchtigen Groll gegen die allgegenwärtigen Stiefkinder hegen lässt. Was viele von ihnen viel mehr beschäftigt, ist, dass sie um die

ohnehin knappe Zeit des geliebten Mannes konkurrieren müssen – und dabei oft zu wenig Zeit für die Paarbeziehung selbst bleibt.
»Am Anfang hatte ich nie das Gefühl, dass ich zu kurz komme. Da kamen gelegentlich die Kinder, aber Ludwig war unglaublich aufmerksam und wir haben ständig unsere Freizeit gemeinsam verbracht«, beschreibt die 35-jährige Rosa die weitgehend ungestörten Anfänge ihrer Zweisamkeit. »Eng ist es für mich eigentlich erst später geworden. Nämlich als es dann immer mehr Alltag gab zwischen uns. Da wurde auch sein Bedürfnis größer, sich mehr um die Kinder zu kümmern. Es gab ein paar Jahre, da haben wir kaum ein Wochenende und keinen einzigen Urlaub allein verbracht. Wir haben wie verrückt gearbeitet, und wenn dann endlich mal ein wenig Zeit war, sind die Kinder immer mitgekommen. Das hat mich ziemlich aggressiv gemacht.«
Patchwork-Familien sind, auch wenn sie nur auf Teilzeit-Basis bestehen, ganz besonderen Belastungen ausgesetzt. Denn schon auf Grund des knappen Freizeitbudgets des Paares ist die Beziehung der zweiten Frau zu ihrem Partner oft durch eine einseitige Betonung der elternähnlichen Rollen als Vater und Stiefmutter geprägt. Die eigentliche Liebesbeziehung gerät da schnell ins Hintertreffen. Kein Wunder, dass das häufig zu Auseinandersetzungen führt.
Der Vorwurf »Dein Kind ist dir wichtiger als ich« bringt oft einen Konflikt auf den Punkt: Die neue Frau erlebt ihren Partner erst in zweiter Linie als den Mann für einen Neubeginn, primär aber als Vater, der mit seinem Kind gefühlsmäßig »fremdgeht«. Deshalb ist es entscheidend, dass sich das neue Paar erst einmal als Einheit begreift, bevor es den Kreis entspannt erweitern kann. Dazu gehört es ebenso, in Ruhe verliebt zu sein, wie den Kindern klar zu machen, dass ein verschobenes Besuchswochenende nicht das Ende der Zuneigung bedeutet – und totaler Einsatz nicht totale Liebe.
»Manchmal hätte ich einfach gerne mehr von Max, und zwar allein«, beschreibt Doris ein unter zweiten Frauen verbreitetes Gefühl. »Dass die Kinder so oft da sind, beeinflusst unsere Mann-Frau-Beziehung extrem. Man kann nicht spontan sein, alles muss geplant oder auf später verschoben werden. Es ist extrem schwer, einander als Paar bewusst wahrzunehmen, wenn da ständig Ansprüche von außen kommen.«
In erster Linie gilt es daher, um die Eifersucht auf die Kinder

möglichst rasch wieder in den Griff zu bekommen, die Paarbeziehung zum neuen Partner zu festigen. Dazu sind Zeiten notwendig, die nur dem Paar – ohne seine Kinder – vorbehalten sind und in denen Vertrauen, Geborgenheit und Nähe entstehen können. Zeiten mit den Stiefkindern sollten klar als solche definiert sein und sich nicht mit den exklusiven Paar-Zeiten vermischen. Auch Stiefkinder müssen, wie biologische Kinder auch, Grenzen erleben lernen. Auch in der Ursprungsfamilie stehen schließlich die Eltern nicht ständig zur Verfügung.

Allerdings geht es in den verbreiteten Auseinandersetzungen um mehr Zeit oft auch gar nicht so sehr um die Kinder, sondern um ein aktuelles Problem in der Beziehung. Wenn ein geschiedener Vater seine knapp bemessene Zeit seinen Kindern widmet, nicht aber seiner neuen Frau, so mag das auf den ersten Blick so aussehen, als wären ihm seine Kinder wichtiger. In vielen Fällen steht aber ein ganz anderer Mechanismus dahinter. Möglicherweise leidet er an Schuldgefühlen gegenüber seinen von ihm »verlassenen« Kindern und er möchte beweisen, dass er sie kein bisschen vernachlässigt. Vielleicht ist aber auch schon seine erste Ehe daran gescheitert, dass er für die Gestaltung und Weiterentwicklung der Beziehung wenig Zeit und Engagement aufgebracht hat. In solchen Fällen könnte es sein, dass das zeitliche Überengagement für die Kinder auch eine zu starke Bindung an die neue Partnerin verhindern soll, die von ihm unbewusst gefürchtet wird.

»Dass er sich sehr intensiv um seine drei Kinder kümmert und diese Beziehung sehr ernst nimmt, nimmt mich eigentlich sehr für Tom ein. Das unterstreicht so eine bestimmte verlässliche Komponente an ihm, die ich schätze«, erzählt die 38-jährige Diplomatin Margot, die regelmäßig zwischen Wien und Brüssel pendelt, wo ihr Freund Tom arbeitet. »Trotzdem bin ich oft besorgt, ob er mich damit nicht auch auf Distanz hält. Wenn es um seine kostbare Zeit geht, habe ich immer das Gefühl, in die Kinder investiert er viel davon, ohne auch nur zu überlegen. Das ist ein sicheres Investment, die Kinder bleiben ihm. Bei mir als neuer Frau ist er da viel zurückhaltender. Vielleicht, weil er bei mir nicht so sicher ist, ob sich das wirklich ›rechnet‹, ob ich wirklich bei ihm bleiben werde. Irritierend daran ist für mich, dass er Dinge für mich nicht tut, die er für die Kinder natürlich tun würde, zum Beispiel mich früh morgens am Flughafen abholen, wenn er spät nachts gearbeitet hat. Bei mir ist ihm sein Schlaf wichtiger.«

Sehen Sie die Existenz seiner Kinder einfach möglichst pragmatisch. Natürlich ziehen die Kleinen Zeit des Partners von Ihnen ab – übrigens ganz wie in einer Ursprungsfamilie. Das ist noch nicht bedenklich, schließlich wussten Sie, dass Sie sich auf einen Vater einlassen. Wenn sich allerdings die Situationen häufen, in denen die Kinder auch immer wieder als Ausrede für wenig Zeit verwendet werden, dann sollten Sie den möglichen kinderunabhängigen Problemen mit Ihrem Partner auf den Grund gehen.

SECOND-WIVES-TIPPS

- **Gestehen Sie sich ruhig ein wenig Eifersucht gegenüber den Kindern zu. Das ist völlig normal, auch wenn Sie wissen, dass es unnötig und wenig hilfreich ist. Lassen Sie sich aber von diesem Gefühl nicht dominieren.**
- **Lassen Sie dem Vater Zeit, gelegentlich allein etwas mit seinen Kindern zu unternehmen. Gönnen Sie sich umgekehrt auch Zeiten, die Sie ausschließlich mit Ihrem Partner verbringen und in denen Sie nicht von den Kindern gestört werden.**
- **Hegen und pflegen Sie Ihre Beziehung. Wenn zwischen Ihnen und Ihrem Mann alles gut läuft, dann erleben Sie die Kinder sicher weniger als Bedrohung, auf die frau eifersüchtig sein müsste.**
- **Freuen Sie sich, dass Ihrem Partner seine Kinder nicht egal sind. Das ist ein gutes Zeichen dafür, dass er nicht beziehungslos ist. Und ein beziehungsloser Mann ist ein schlechter Vater, ein unfähiger Partner und ein Scheidungskandidat.**
- **Nehmen Sie die Kinder als eigenständige Persönlichkeiten wahr: Sie können schließlich nichts dafür, dass sie ihrer Mutter ähnlich sind.**
- **Kämpfen Sie nicht mit den Kindern um die Gunst ihres Vaters. Machen Sie ihnen besser klar, dass Sie ihren Vater lieben, dass Sie ihn ihnen aber nicht wegnehmen werden.**

Muss es wirklich Liebe sein?

Viele Stiefmütter sind bemüht, ihre Stiefkinder mit ganz besonders viel Liebe und Aufmerksamkeit zu überschütten. Warum eigent-

lich? Wollen sie sich im Konkurrenzkampf mit der biologischen Mutter als die Bessere profilieren? Versuchen sie etwa, die von ihnen unter Umständen mitverursachte Trennung der Ursprungsfamilie gutzumachen? Oder gehen sie davon aus, dass sie die Kinder ihres Partners ohne Vorbehalte lieben und akzeptieren müssen, um ihm ihre wahre Liebe zu beweisen?
Was auch immer die Motive zweiter Frauen für ein besonders liebevolles Engagement ihren Stiefkindern gegenüber sein mögen, eine damit häufig verbundene Hoffnung wird selten erfüllt. Nämlich die, im Gegenzug auch von den Kindern geliebt zu werden. Egal wie perfekt wir als Stiefmütter sein mögen, wie toll wir uns um die Kinder kümmern und wie sehr sie uns vielleicht sogar akzeptieren: Liebe ist ein Gefühl, das meistens für die biologischen Mütter reserviert bleibt. Schließlich haben die Kinder weder darum gebeten, dass ihre Eltern sich trennen – oder ihre Mutter stirbt –, noch haben sie sich die neue Frau ihres Vaters ausgesucht. Also müssen sie die Zweite auch nicht lieben. Das ist zwar nachvollziehbar, aber nicht immer einfach zu ertragen.

Hilfe, ich liebe seine Kinder nicht

Dafür, dass Kinder mit ihrer Liebe selektiv und sparsam umgehen, mögen viele Stiefmütter ja noch einiges Verständnis entwickeln. Doch viel strenger gehen sie oft mit ihren eigenen Gefühlen um. Was, wenn es auch bei ihnen nicht die »wahre Liebe« ist, die sie gegenüber ihren Stiefkindern empfinden? Sondern sie ihnen auf die Nerven gehen oder nicht einmal besonders sympathisch sind?
Viele Stiefmütter sind einigermaßen betroffen, wenn es ihnen – anders als erwartet – nicht und nicht gelingen will, die Kinder ihres neuen Partners so richtig zu lieben. Das sieht natürlich auf den ersten Blick sehr nach der bösen Stiefmutter aus dem Märchen aus. Und weil es nicht nur den eigenen Ansprüchen widerspricht, sondern auch noch den Vater kränken könnte, entwickeln viele Zweite dann Schuldgefühle. Wenn ein Stiefkind die Stiefmutter nicht liebt, ist das gesellschaftlich in Ordnung. Wenn eine Stiefmutter ihr Stiefkind nicht liebt, ist das anrüchig. Warum eigentlich?
Die Kinder, die frau sich nicht ausgesucht hat, nicht heiß zu lieben ist eine ebenso häufige wie völlig natürliche Erfahrung. Gestehen

Sie sich ruhig ein: Sie haben sich mit Ihrem Partner zusammengetan, weil Sie ihn lieben. Das impliziert nicht unbedingt Liebe für seine Kinder – solange Sie sie akzeptieren und respektieren. Wenn Sie Ihre Stiefkinder zu Beginn nicht mögen, kann das einfach auch ein Ausdruck von Unsicherheit sein. Der Anspruch, fremde Kinder sofort lieben zu müssen, überfordert jede Frau. Lassen Sie sich Zeit, die Kinder kennen zu lernen und Zuneigung zu ihnen zu entwickeln. Wenn das klappt, ist es in Ordnung, wenn nicht, ist es auch kein Drama.
Wenn Sie zu einem Kind absolut keinen Draht aufbauen können, nehmen Sie es hin. Zwingen Sie sich nicht, Eigenschaften zu mögen, die Ihnen eigentlich zutiefst unsympathisch sind. Selbst leibliche Eltern haben gelegentlich Probleme, ein Kind zu lieben, dessen Charakter ihnen fremd ist. Wieso sollten Sie da als Stiefmutter anders empfinden?

SECOND-WIVES-TIPPS

- **Stiefmütter müssen ihre Stiefkinder nicht lieben »wie ihre eigenen«. Statt sich unter einen solchen Stress zu setzen, bauen Sie lieber eine andersartige, distanziertere – aber doch für beide Teile befriedigende Beziehung auf.**
- **Vergessen Sie Ihr schlechtes Gewissen: Sie haben sich in den Vater verliebt, nicht in das Kind. Als Erwachsene können Sie auch zu einem Kind, das Sie nicht lieben, eine korrekte und nicht unangenehme Beziehung aufbauen.**
- **Suchen Sie einen vernünftigen Mittelweg im Umgang mit Ihrem Stiefkind. Respektieren Sie es. Es muss nicht unbedingt Liebe sein, was Sie verbindet. Vielleicht können Sie sich mit der Zeit ja zur Lehrerin, zur Freundin, zur Vertrauten entwickeln – seien Sie bloß keine Feindin oder Konkurrentin.**
- **Stellen Sie an die Kinder im Umgang nur Anforderungen, die auch ihrem Alter entsprechen.**

Gestörte Gewohnheiten – Gemeinsame Aktivitäten

Haben auch Sie gelegentlich das Bedürfnis, ein Wochenende lang einfach auszuschlafen, viel zu lesen oder einfach einmal möglichst nichts zu tun? Was wie der legitime Wunsch einer gestressten Frau mit einem eng beschriebenen Pflichtenheft klingt, ist nicht immer leicht zu erfüllen. Besonders dann nicht, wenn sie beschlossen hat, ihr Leben mit einem geschiedenen Vater zu verbringen.
Denn was in ungebundenen Single-Zeiten noch als erholsame Freizeit galt, kann im Zusammenleben mit einem (Wochenend-) Vater rasch zum regelrechten Kinder-Beschäftigungs-Stress werden. »Am Anfang ist seine Tochter sehr regelmäßig zu uns gekommen«, beschreibt Lilly, 28, die Wochenenden mit ihrer sechsjährigen Stieftochter: »An diesen Besuchstagen rissen wir das volle Programm runter: Zirkus, Zoo, Kino, Eisessen, Spielzeug kaufen. Ich hatte immer das Gefühl, dass wir ein im Kopf und Magen sattes Kind abgeben müssen. Sie sollte ja glücklich sein, damit sie beim nächsten Mal gern wiederkommt.«
So anstrengend das auch sein mag: Will die Zweite an den Kindertagen nicht völlig auf den Geliebten verzichten, muss sie derartige Aktivitäten wohl mitmachen. Natürlich bescheiden im Hintergrund, schließlich stehen an diesen Tagen die Kinder im Mittelpunkt. Viele zweite Frauen empfinden das allerdings als Strapaze. An die Entspannung und Erholung, die sie nach einer anstrengenden Arbeitswoche eigentlich ganz gut brauchen könnten, ist dann nicht zu denken. Ziehen sie sich aber zurück, geraten sie rasch in den Verdacht, kein Interesse an den Kindern zu haben und wohl doch nicht die richtige Partnerin für einen geschiedenen Vater zu sein.
»Ich fühle mich, nachdem wir das ausführlich besprochen haben, nicht mehr verpflichtet, alle Besuchstage mit Karsten und seiner Tochter zu verbringen«, gibt Lilly einen Ausweg aus der Stress-Falle vor. »Schließlich habe ich nicht immer Lust auf die Aktivitäten, die eine Sechsjährige begeistern. Mein Mann hätte mich natürlich liebend gern dabei, weil das für ihn auch oft langweilig ist.«
Damit die Freizeit mit den Kindern sich für alle Beteiligten positiv und entspannt gestalten kann, sollten Sie gezielt auswählen,

welche Aktivitäten Sie mit den Kindern mitmachen wollen und in welcher Dosis. Es gibt überhaupt keinen Grund dafür, dass Sie immer und überall dabei sind. Besprechen Sie mit Ihrem Partner, warum Sie manche Ausflüge und Programme nicht mit ihm und den Kindern absolvieren wollen, damit auch er Verständnis dafür entwickeln kann. Er kann schließlich bei aller Liebe nicht Ihre Gedanken lesen.
Fragen Sie sich, ob Sie eine bestimmte Aktivität wirklich mögen oder ob Sie durch das Mitmachen nur Ihrem Liebsten einen Gefallen tun wollen. Ist es häufig Letzteres, kann sich das rasch als Bumerang erweisen. Denn irgendwann machen Sie ihm das sicherlich zum Vorwurf. Eine Beziehung kann nicht auf Dauer darauf basieren, dass sich eine Beteiligte ständig zu etwas zwingt, das ihr eigentlich gegen den Strich geht. Sie müssen absolut nicht alles mitmachen, schließlich hat er sich eine neue Frau gesucht und nicht ein Kindermädchen. Wenn Ihnen allerdings überhaupt nie etwas Spaß macht und deshalb seine Kinderwelt und Ihre Paarwelt immer getrennt bleiben, sollten Sie sich ernsthaft fragen, ob Sie nicht doch lieber nach einem kinderlosen Partner Ausschau halten sollten.

Alle brauchen Platz

Die Freizeitgestaltung mit den Kindern ihres Partners erleben viele zweite Frauen dann als weniger strapaziös, wenn ausreichend Platz für alle vorhanden ist. Doch das ist gerade in den finanziell eher belasteten Zweitfamilien häufig ein Problem. »Womit ich mir wirklich schwer tue, ist die räumliche Enge, wenn die Mädchen bei uns sind«, beschreibt Doris ein verbreitetes Problem. »Mit einer größeren Wohnung wäre vieles entspannter, aber die können wir uns nicht leisten. Ich setze mich nicht ab, wenn sie da sind, weil ich ja nicht allein sein will, sondern mit Max. Aber inzwischen habe ich gelernt, auch auf mich zu schauen. Da sage ich ihm dann, wenn es mir zu viel wird, dass er einmal mit den Mädchen was auswärts unternehmen soll, damit ich für mich sein kann.«
Doch nicht nur Stiefmütter brauchen Raum für sich. Wenn die Kinder zu Besuch kommen, ist es auch wichtig, dass sie ihren eigenen Platz haben. Sonst werden sie sich rasch ausgegrenzt fühlen.
Besuchskinder bringen die Routine natürlich durcheinander und sind

oft eine Belastung für den Alltag eines Paares. Versuchen Sie das möglichst gelassen und auch als Bereicherung zu sehen und denken Sie daran, dass die Kinder die Situation nicht herbeigeführt haben, sondern dass die Erwachsenen dafür die Verantwortung tragen.

SECOND-WIVES-TIPPS

- **Vergessen Sie Ihre eigenen Hobbys nicht. Nehmen Sie sich Zeit für Dinge, die Sie gerne tun. Sie müssen nicht immer für Ihre Stiefkinder da sein. Lassen Sie ruhig einmal den Vater allein was mit ihnen unternehmen.**
- **Hilfreich ist es, für die Anwesenheit der Kinder eigene Rituale zu etablieren. Zum Beispiel, indem Sie ein solches Wochenende mit einer gemeinsamen Mahlzeit beginnen und dabei aushandeln, was an dem Wochenende alles geplant ist und wer wobei mitmacht.**
- **Richten Sie Ihren Stiefkindern ihren eigenen Platz in der Wohnung ein. Wenn ein eigenes Zimmer nicht möglich ist, kann das auch ein für ihre Sachen reserviertes Möbelstück sein.**

Erziehung: Regeln fürs Zusammenleben

»Manchmal machen sie mich verrückt. Überall liegen Klamotten herum, schmutziges Geschirr bleibt einfach auf dem Tisch stehen und sie räumen nichts weg«, beklagt die 35-jährige Juristin Rosa das fehlende Ordnungsbewusstsein der beiden halbwüchsigen Söhne ihres Mannes Ludwig. »Ich weiß schon, in Haushalten mit Kindern schaut es einfach anders aus als in einer gepflegten Single-Wohnung. Trotzdem habe ich manchmal nicht die Nerven dafür. Dann habe ich die Wahl, ständig hinter ihnen herzuputzen, pingelig und fordernd zu sein oder mich nicht wohl zu fühlen. Das stresst mich ziemlich.«
Auch Frauen, für die Hausarbeit in der Liste ihrer Prioritäten nicht eben weit oben rangiert, machen an Kinderwochenenden die Erfahrung, dass Dinge wie Ordnung oder Sauberkeit plötzlich zu einem Thema werden können. Denn ihre lieb gewonnenen Standards müssen sich mit den oft weit weniger perfekten der Kinder messen. Ein schmutziges Bad oder verschüttete Milch führen dann oft geradewegs in ein stiefmütterliches Dilemma: Denn wer

keine Lust hat, die Putzfrau zu spielen, und von den Kindern mehr Ordnung einfordert, steht rasch als die keifende Böse da. Der Wunsch, geliebt zu werden, sabotiert bei vielen Stiefmüttern den Anspruch, ein bisschen Disziplin ins Zusammenleben zu bringen.
Doch hinter schmutzigen Socken, verstreuten Spielsachen und Streit um die Tischmanieren steht ein viel allgemeineres Thema: Wer ist eigentlich im Zusammenleben von Vätern, Stiefmüttern und Kindern für die Erziehung und für das Einhalten von Regeln zuständig? Was seine Kindern dürfen, was man ihnen beibringen sollte und wer ihnen was abverlangen kann, gehört in zweiten Ehen zu den konfliktträchtigsten Themen überhaupt.
Die Entscheidung, wie stark sich eine Stiefmutter in die Kindererziehung einmischen soll, ist oft eine schwierige Gratwanderung. Hält sie sich aus Fragen der Disziplin völlig heraus, droht permanenter Frust, weil sie in ihrem eigenen Haus die Spielregeln nicht mitbestimmen kann. Allerdings läuft sie dabei auch nicht Gefahr, in die gefürchtete Position der Bösen zu kommen. Versucht sie andererseits, ihre Stiefkinder zu erziehen, sind Schwierigkeiten programmiert. Denn oft sieht sich die Zweite dann einer Allianz von Vater und Kindern gegenüber, in der sich der Partner schützend vor die Sprösslinge stellt und die lieben Kleinen die Zumutungen der vermeintlich unzuständigen Person abwehren.

Du bist nicht meine Mutter

Eine beliebte Killerphrase in derartigen Situationen ist: »Du hast mir nichts zu sagen, du bist nicht meine Mutter.« Eine solche Reaktion auf gut gemeintes Engagement ist nicht nur lähmend, sondern oft auch kränkend und verunsichernd. Für solche Fälle ist es wichtig, dass zwischen allen Beteiligten vereinbart und ausgesprochen ist, für welche Belange die Stiefmutter während der Zeit des Zusammenseins zuständig ist. Je klarer Ihr Partner seinen Kindern vermittelt, in welchen Fragen sie auf Sie zu hören haben, desto leichter werden sich die Kinder tun, Ihre Vorgaben zu akzeptieren und zu respektieren.
Lassen Sie sich von solchen Sätzen auch nicht verunsichern: Sorgerecht hin oder her, es ist notwendig, dass Erwachsene – unabhängig von ihrem jeweiligen Status in der Beziehung – für die

Zeit einer Beaufsichtigung Verantwortung für die Kinder tragen und ihnen Regeln vorgeben. Mit der Frage, wer die »richtige Mutter« ist, hat das überhaupt nichts zu tun. Die klaren Worte der Kinder können eigentlich nur schmerzen, wenn frau es bewusst oder unbewusst vielleicht doch sein will.
Und wenn es trotz Absprachen und Rückhalt durch den Partner einmal doch nicht so ganz mit dem Befolgen der stiefmütterlichen Vorgaben klappen will, kann es dem eigenen Wohlbefinden zuträglich sein, die eigene Verantwortung realistisch zu sehen. Schließlich können Sie nicht alles wettmachen, was die Ex verabsäumt hat.
Diese Erfahrung hat Doris im Umgang mit ihren Stieftöchtern gemacht. »Ich bringe sicher viel Engagement in die Erziehung der Kinder ein – auch wenn ich das nicht müsste. Aber ich kann gar nicht anders, wenn ich sie so oft bei mir habe. Ich bin ihnen gegenüber sehr bestimmt, was die täglichen Abläufe betrifft. Und das klappt auch durchaus, ich bin als Respektsperson eingeführt. Aber wenn sie nicht wollen, vermittle ich auch, dass es mir im Grunde egal ist, weil ich nicht verantwortlich bin. Das ist ein ganz guter Selbstschutz.«

Der Vater ist gefordert

Es klappt allerdings im Vater-Stiefmutter-Verhältnis nicht immer so richtig mit dem Einvernehmen darüber, wer in Sachen Kinderdisziplin wofür zuständig ist. Mit Sätzen wie »Du hast keine Ahnung, du hast ja keine Kinder« oder »Lass doch mein Kind in Ruhe« wehren Väter gelegentlich Kritik, Verbote oder Ermahnungen ab, mit denen Stiefmütter versuchen, sich in die Erziehung einzubringen. Wenn Väter sich – egal ob aus Beschützerinstinkt, schlechtem Gewissen oder eigener erzieherischer Ratlosigkeit – in Konflikten so vor ihre Kinder stellen, untergräbt das die Autorität der Stiefmutter, mit der es ohnehin nicht weit her ist. Die Kinder merken, dass die Erwachsenen nicht an einem Strang ziehen, und nutzen das natürlich bei nächster Gelegenheit aus. Die zweiten Frauen fühlen sich hilflos oder ausgeliefert und beginnen um ihre Stellung zu kämpfen – und geraten damit in die Rolle der Bösen, die sie unbedingt vermeiden wollten. Ein Teufelskreis also, dem es zu entrinnen gilt.
Hier hilft nur eines: Klärende Worte mit dem Vater – aber unter vier Augen. Natürlich muss die Erziehung seiner Kinder in erster Linie

seine Aufgabe sein und bleiben. Aber er sollte die Regeln mit seiner Partnerin absprechen, denn schließlich ist sie im Alltag massiv vom Verhalten der Sprösslinge betroffen.
Als Stiefmutter haben Sie im Zusammenleben immer wieder eine elternähnliche Funktion. Es ist daher auch völlig in Ordnung, dass Sie in Ihrem Haushalt Regeln etablieren und darauf bestehen, dass diese eingehalten werden. Allerdings wird es hauptsächlich Ihr Partner sein müssen, der das durchsetzt. Dabei können Sie ihm eine wichtige Ratgeberin sein, seine Rolle spielen sollten Sie nicht.
»Pädagogische Verantwortung übernehme ich eigentlich nicht«, beschreibt die 38-jährige Rotraud ein gelungenes Konzept. »Eher mache ich Willi immer wieder darauf aufmerksam, was mir in seinen Bemühungen der Kindererziehung auffällt und was er vielleicht anders machen könnte. Der Rest ist weniger Erziehung als Vorbild. Es geht auch darum, dass die Kinder bei mir ein ganz anderes Frauenbild und eine ganz andere Lebensstrategie mitbekommen als zu Hause. Das hat sicher Vorteile für sie. Sie haben da einen sehr aufmerksamen Blick.«

Ist er zu nachsichtig?

Viele Stiefmütter stehen unter dem Eindruck, der sich gelegentlich zur Gewissheit verdichtet, dass ihre Partner die Kinder hoffnungslos verwöhnen. Eine Beobachtung, die übrigens häufig auch Familientherapeuten teilen.
Die fehlende Bereitschaft, klare Erziehungs- und Disziplinautorität zu übernehmen, hat damit zu tun, dass geschiedene Väter noch jahrelang Schuldgefühle mit sich herumtragen, die Kinder ver- und im Stich gelassen zu haben. Diese Gefühle kompensieren sie dann durch besondere Nachsicht und Milde. Und rechtfertigen das damit, dass die Kinder durch die Scheidung ohnehin schon sehr verwirrt seien und durch unnötige Strenge nicht zusätzlich belastet werden sollen. Väter dulden manchmal mehr, als sie eigentlich wollen oder sollten, und setzen kaum Grenzen. Eine ziemlich unbefriedigende Situation für ihre neuen Partnerinnen, die dadurch oft in die ungewollte Rolle der Disziplinierin geraten.
Auch hier helfen nur offene Gespräche. Mit Tipps und Hinweisen über – aus Ihrer Sicht – notwendige Regeln und Grenzen für die

Kinder können Sie nicht nur viel dazu beitragen, die Lage zu entspannen und Missstimmungen zu vermeiden, sondern Sie demonstrieren damit auch, dass Sie sich engagieren. Damit ist für Ihren Partner wiederum Kritik leichter annehmbar.

SECOND-WIVES-TIPPS

- **Verzichten Sie nicht völlig auf Regeln und Disziplin, nur um nicht die Böse zu sein. Sie stehen nicht im Wettbewerb um das netteste Familienmitglied des Jahres. Setzen Sie klare Grenzen und erklären Sie auch, warum Sie das tun. Es sieht nur auf den ersten Blick so aus, als ob Kindern Ge- und Verbote auf die Nerven gehen. In Wahrheit sind sie ganz dankbar für Grenzen und Strukturen.**
- **Wenn Sie wollen, dass bestimmte Regeln eingehalten werden, müssen Sie diese auch aussprechen. Weder Ihr Mann noch seine Kinder können Gedanken lesen. Es ist völlig in Ordnung, zu sagen: »Hier machen wir es so.« Das nimmt dem oft verwendeten Kinder-Argument den Wind aus den Segeln, das da heißt: »Zu Hause machen wir es aber anders.«**
- **Übertreiben Sie es nicht mit Ihren Erziehungs- und Disziplinierungsbeiträgen. Erziehung ist in erster Linie die Aufgabe der leiblichen Eltern. Versuchen Sie eher eine Bezugsperson zu sein, die die Kinder ernst nimmt, als die pingelige Schulmeisterin. Das macht es viel leichter, Vorschläge von Ihnen anzunehmen.**
- **Überfordern Sie Ihren Partner nicht: Erwarten Sie von ihm nicht, dass er die völlige Kontrolle über die Disziplin seiner Kinder hat. Auch wenn sie sich bemühen, haben geschiedene Väter oft das Handicap, dass ihre Autorität immer wieder von der Ex unterminiert wird.**
- **Strafen und Grenzen für die Kinder müssen zwischen Ihnen und Ihrem Partner genau geklärt und abgesprochen sein.**
- **Wenn Sie eine Reaktion Ihres Partners nicht passend finden, tragen Sie sie den Kindern gegenüber zunächst einmal trotzdem mit. Besser, als die Differenzen vor den Kindern auszutragen, ist es, später unter vier Augen darüber zu reden.**
- **Leben Sie Ihren Stiefkindern gutes Benehmen, ein interessantes Leben, spannende Beschäftigungen vor – aber versuchen Sie nicht, Ihnen eine Ersatzmutter zu sein.**

NOCH MEHR PATCHWORK: GEMEINSAME KINDER

Wollen wir überhaupt Kinder?

Schon in »normalen« Paarbeziehungen ist bekanntlich die Kinderfrage nicht immer ganz einfach gemeinsam zu beantworten: Ob denn überhaupt – und wenn ja wann – der richtige Zeitpunkt gekommen ist, die Zweierbeziehung um Nachwuchs zu erweitern – wer kann das schon sagen? Da können höchst unterschiedliche Wünsche, Hoffnungen, Erwartungen und Lebenskonzepte aufeinander prallen.

Noch viel heikler gestaltet sich die Diskussion über die Kinderfrage in Beziehungen zwischen Gebrauchtmännern und zweiten Frauen, in denen zumindest einer der beiden schon einmal mit jemand anderem dafür gesorgt hat, dass sein genetisches Erbe der Nachwelt erhalten bleibt. Die Entscheidung für oder gegen ein gemeinsames Kind ist in einer Zweitehe oder -partnerschaft um vieles komplizierter als in einer Erstbeziehung. Es ist hier noch wichtiger, genau auf alle Zwischentöne zu hören um zu verstehen, was die jeweiligen Wünsche und Bedürfnisse des und der anderen sind.

Paare, bei denen zumindest einer der Partner den Start ins – hoffentlich – dauerhafte Glück nicht zum ersten Mal wagt, sprechen das Thema »gemeinsame Kinder« häufig schon in einer frühen Phase der Beziehung an – vom Tisch ist es damit noch lange nicht. Denn manchmal sind die Beteiligten gerade in dieser hochsensiblen Frage zu Beginn nicht immer ganz aufrichtig, weil sie das junge Glück nicht durch eine kontroversielle Position aufs Spiel setzen wollen oder weil schlicht die »Dringlichkeit« nicht wirklich offensichtlich ist.

In wieder anderen Fällen mag es durchaus ehrlich gemeint gewesen sein, was da zu Beginn besprochen wurde – aber im Laufe des Beziehungslebens ändern sich eben gelegentlich die Einstellungen. »Für mich war ein Kind zu Beginn unserer Beziehung absolut kein Thema, ich war davon überzeugt, dass ich keine Kinder will und davon ohnehin mehr als genug über meine Stieftöchter mitbekomme«, berichtet die 36-jährige Linzer Betriebswirtin Tina. Als sie sich mit ihrem heute 50-jährigen Mann Werner zusammentat, einem Architekten mit zwei Töchtern aus zwei vorangegangenen Ehen, hatte sie ganz andere Prioritäten als Familie und Mutterschaft. »Für mich stand ganz klar das Bedürfnis im Vordergrund, mich beruflich zu stabilisieren und eine gewisse Position zu erreichen.«

Aber das hat sich für Tina im Laufe der Beziehung verändert: »Irgendwann habe ich bemerkt, dass es mit Werner für mich zum ersten Mal vorstellbar und sogar wünschenswert ist, ein Kind zu haben. Alles hat gestimmt und die perfekten Voraussetzungen waren da – emotional, finanziell, organisatorisch. Werner hat beruflich schon alles erreicht, was er wollte, er kann jetzt viel leichter ein engagierter Vater sein und ist es auch.« An ihrem beruflichen Engagement hat Tina, mittlerweile Mutter eines eineinhalbjährigen Sohnes, nichts eingebüßt. Zwischen Kinderfrau, engagiertem Vater und babysittenden Stieftöchtern kommt sie mit Kind und Karriere wunderbar zurecht.

Meinungen können sich ändern

Am Beginn einer Beziehung glauben manche Stiefmütter, besonders wenn sie selbst kinderlos sind, dass ihr möglicherweise vorhandener Kinderwunsch ohnehin durch die Stiefkinder befriedigt wird. Dieser Eindruck kann sich ändern. Etwa wenn sie zur Kenntnis nehmen müssen, dass Stiefkinder doch etwas anderes sind als eigener Nachwuchs. Oder weil um sie herum gerade alle gleichaltrigen Freundinnen schwanger sind. Vielleicht kommen sie aber auch zum Schluss, dass sie, wenn sie schon wegen der Kinder ihres Partners ihr Leben auf Familie und Kinderverträglichkeit umstellen müssen, ebenso gut eigene haben könnten. So kann aus verschiedenen Gründen bei zweiten Frauen die Überzeugung,

keine eigenen Kinder zu wollen, schließlich zu einem sich deutlich artikulierenden Kinderwunsch mutieren.
Auch Gebrauchtmänner, die zu Beginn der neuen Liebe kein Problem mit der Vorstellung hatten, mit der neuen Partnerin noch einmal ein Kind zu haben, können plötzlich Bedenken bei der Vorstellung bekommen, dass sich ihr ohnehin schon prall gefülltes Pflichtenheft noch einmal erweitern soll. Oder aber sie hatten mit der Kinderfrage nach dem wenig geglückten Versuch mit der Ersten bereits abgeschlossen und kommen allmählich, weil die Beziehung sich so angenehm entwickelt, zum Ergebnis, dass sie die Erfahrung Vaterschaft unter diesen veränderten Vorzeichen noch einmal wiederholen wollen.
Wie auch immer sich Ihre Einstellung und die Ihres Partners zum Thema gemeinsame Kinder gestalten und entwickeln mag: Klar ist, dass es hier gilt, mit besonderer Sorgfalt, Sensibilität und gegenseitigem Verständnis ans Werk zu gehen. Bereits der Entscheidungsprozess sagt viel über die beiden Partner und die Grundlagen ihrer Beziehung aus. Seien Sie besonders offen – zu Ihrem Partner, aber auch zu sich selbst –, wenn es um die einschneidende Entscheidung für oder gegen ein gemeinsames Kind geht. Denn wird diese nicht von beiden potenziellen Eltern ernsthaft mitgetragen, dann wird das früher oder später zu Spannungen und gegenseitigen Vorwürfen führen.

Gute Gründe, schlechte Gründe

In jedem Fall sollten Sie die Gründe sehr genau analysieren, die Ihrer Entscheidung pro oder contra gemeinsames Kind zu Grunde liegen. Es gibt viele gute Gründe für zweite Frauen und ihre Secondhand-Männer, ein gemeinsames Kind zu haben. Zum Beispiel kann der Wunsch nach Kindern für solche Paare, gerade weil es schon Kinder aus einer früheren Beziehung gibt, ein wichtiges Symbol für den gemeinsamen Neubeginn und ein demonstratives Zeichen der Zusammengehörigkeit sein. Es kann auch sein, dass beide das Gefühl haben, endlich einen Partner gefunden zu haben, mit dem es rundherum stimmig ist, ein gemeinsames Kind zu haben.
In manchen Fällen regieren aber weniger geglückte Motive den

Kinderwunsch. Gelegentlich hoffen zweite Frauen, die sich einem eingespielten Vater-Kind-Team gegenübersehen, durch ein eigenes Kind ausgewogenere Verhältnisse herzustellen. Auch der Wunsch, durch die Mutterschaft der Ex »ebenbürtig« zu sein, spielt oft eine wichtige Rolle.

»Ich habe mir schon gelegentlich gedacht, dass ein gemeinsames Kind gut für uns wäre, weil ihn das ein bisschen von der Ex und dem ersten Kind ablenken würde«, analysiert die 43-jährige Marion ihre Überlegungen, gerne Mutter zu werden. Im Laufe ihrer sechsjährigen Ehe mit dem 53-jährigen Beamten Peter hatte die Münchner Sozialwissenschaftlerin immer wieder das Gefühl gehabt, dass sein zehnjähriger Sohn und dessen in Paris lebende Mutter ihren Mann unverhältnismäßig intensiv beschäftigen. Zum Thema für die Beziehung gemacht, geschweige denn erfüllt hat sie diesen Kinderwunsch letztlich doch nicht. »Ich habe mich dagegen entschieden«, sagt Marion heute. »Das wäre einfach zu berechnend gewesen und damit nicht gut gegangen. Fantasiert habe ich oft, dass ich damit dann den Kontakt zu seiner Vergangenheit unterbinden oder abschwächen könnte. Aber das allein ist noch kein guter Grund für ein Kind. Und damit ist das Thema heute auch erledigt.«

Auch die 42-jährige Andrea hat sich dagegen entschieden, aus wenig guten Gründen ein Kind zu bekommen. »Ich habe mir schon oft gedacht, dass es für die Außenwelt perfekt wäre, wenn ich auch ein Kind mit ihm hätte. Dann, so überlegte ich gelegentlich, wäre ich auch endlich vollwertig akzeptiert«, beschreibt die Wiener Sozialarbeiterin ihre Überlegungen, die nicht zuletzt durch das Ticken ihrer »biologischen Uhr« immer wieder angeregt wurden. Ihr 48-jähriger Mann Karl hat eine inzwischen erwachsene Tochter mit seiner ersten Frau, die Andrea, ebenso wie Karls Familie, immer wieder ihre Ablehnung spüren ließ. »Aber ich bin inzwischen sicher, dass es für mich keine gute Lösung wäre«, ist Andrea heute überzeugt. »Wir haben beide keinen sehr kinderorientierten Lebensstil, ein Kind brächte unendlich viele neue Verpflichtungen und beruflich würde es für mich auch sehr schwierig.«

Wahrscheinlich haben sich Marion und Andrea tatsächlich richtig entschieden. Wenn Sie ein Kind vorrangig deshalb in Erwägung ziehen, um Probleme zu lösen oder zu überlagern, die Sie in Ihrer Partnerschaft oder mit Ihrem oder seinem familiären Umfeld haben, dann sollten Sie sich besser nicht dafür entscheiden. Klären Sie die Probleme lieber einmal so und überprüfen Sie dann kritisch, ob Sie wirklich immer noch Mutter werden wollen.

Von Teilzeitkindern und Instant-Familien

Für viele zweite Frauen stellt sich die diffizile Kinderfrage allerdings gar nicht. Nämlich dann, wenn ihnen die Konstellation, dass ihr Partner bereits Kinder hat, um die sie sich auch gelegentlich kümmern, durchaus angenehm ist. Schließlich können Stiefkinder, vor allem Teilzeit-Stiefkinder, ein ganz guter Weg sein, den schlummernden Mutterinstinkt zu befriedigen, ohne wirklich alle Verbindlichkeiten der regulären Mutter- oder Elternschaft in Kauf nehmen zu müssen: Zum Beispiel eine Unterbrechung der Karriere oder eine radikale Umstellung des Alltags.

»Ich bin eigentlich ganz zufrieden mit unserem Deal«, beschreibt die 35-jährige Rosa die zwischen ihr und ihrem Mann Ludwig gefallene Entscheidung, keine gemeinsamen Kinder zu haben. Die beiden Söhne aus der ersten Ehe des heute 45-jährigen Journalisten verbrachten von Anfang an mindestens jedes zweite Wochenende und die Ferien mit ihrem Vater und seiner neuen Frau. Neuerdings schauen sie auch nach der Schule oft vorbei. »Über die beiden Jungs bekomme ich eigentlich ziemlich viel klassisches Familienleben mit und kann es auch durchaus genießen, mit ihnen etwas zu unternehmen oder mit ihnen durch Schularbeiten und Prüfungen zu zittern. Aber gleichzeitig habe ich weniger Verpflichtungen und sie beeinflussen meine berufliche Entwicklung absolut nicht.«

SECOND-WIVES-TIPPS

- **Die Entscheidung für oder gegen gemeinsame Kinder ist in Beziehungen zwischen zweiten Frauen und ihren Partnern aus zweiter Hand oft noch viel sensibler und schwieriger als in anderen Partnerschaften. Seien Sie daher ehrlich, was Ihre Motive, Wünsche und Bedürfnisse betrifft: sich selbst gegenüber, aber auch**

gegenüber Ihrem Partner. Hören Sie auch besonders genau hin, was er an Bedürfnissen, Befürchtungen oder Perspektiven formuliert.

- **Entscheiden Sie sich nur für ein gemeinsames Kind, wenn Sie das beide wirklich aus Überzeugung wollen. Sonst gilt: Hände weg! Denn über ein Kind sollten Sie weder Beziehungsprobleme zu lösen versuchen noch Ihre Position gegenüber der Ex oder gegenüber der Familie Ihres Partners verbessern wollen.**
- **Setzen Sie den Kinderwunsch bloß nicht dazu ein, andere Bedürfnisse zu befriedigen – etwa das, Ihren Partner enger an Sie zu binden oder das, ihm zu beweisen, dass Sie die bessere Mutter sind.**
- **Fragen Sie sich, ob es nicht ein ganz guter Kompromiss ist, keine eigenen Kinder zu haben, sondern sich um die Stiefkinder zu kümmern. So kriegen Sie einiges an Familie und Elterngefühl mit und ab, ohne dabei ständig und für alles verantwortlich zu sein.**

Genug ist genug: Kein Mann für Vaterfreuden

In manchen Fällen allerdings ist der Entscheidungsspielraum zweiter Frauen in der Frage, ob sie mit ihrem neuen Partner gemeinsame Kinder wollen, von vornherein gehörig eingeschränkt. Denn viele Secondhand-Männer machen, wenn sie schon Väter sind, überaus deutlich, dass das Thema Kinderwunsch für sie endgültig erledigt ist.
»Tom hat sehr früh in unserer Beziehung klar deponiert, dass er keine Kinder mehr will. Diese Lebensphase, sagt er, ist für ihn abgeschlossen. Das war ihm auch wichtig, mir das sofort zu kommunizieren«, beschreibt die 38-jährige Diplomatin Margot eine vielen zweiten Frauen vertraute Situation. Ihr Freund Tom, 49, hat bereits drei Kinder, die heute 19, 17 und 13 Jahre alt sind. Die Vorstellung, sich noch einmal um ein Kleinkind zu kümmern, irritiert den in Brüssel lebenden Journalisten schwer, der ohnehin unter notorischem Zeitdruck steht.
Margot sieht seine apodiktische Festlegung allerdings mit gemischten Gefühlen: »Im Prinzip ist das für mich auch völlig in Ordnung, im Moment jedenfalls könnte ich mir auch nicht vorstellen, ein Kind zu

haben. Aber seine eindeutige Position irritiert mich trotzdem. Erstens, weil eine andere Frau mit ihm etwas hatte, das ich nie mit ihm teilen werde, das schmerzt irgendwie. Und zweitens vor allem deshalb, weil er mir jeden Entscheidungsspielraum nimmt, sollte ich es mir doch noch mal anders überlegen.«

Kein zweiter Versuch

So wie Tom sind auch viele andere Gebrauchtmänner in Sachen Kinder mit der zweiten Partnerin mehr als zurückhaltend. Und das aus vielen Gründen: Da ist einmal die Tatsache, dass sie – häufig im Gegensatz zu ihren neuen Frauen – die Erfahrung Kinder schon einmal gemacht und eigentlich mit ihrem reproduktiven Lebensabschnitt abgeschlossen haben. Sie wollen nicht noch einmal von vorne anfangen und alle Belastungen nochmals in Kauf nehmen. Sie haben oft auch einsehen müssen, dass Kinder nicht nur Freude bedeuten, sondern jede Menge Probleme und Belastungen mit sich bringen.

Die Angst, im Falle einer nochmaligen Scheidung noch einmal ein Kind zu verlieren, kann geschiedene Väter ebenfalls dazu bringen, einem weiteren Kind mit einer neuen Frau ablehnend gegenüberzustehen. Oft ist es aber auch schlicht eine realistische Einschätzung der finanziellen und organisatorischen Rahmenbedingungen: Es fehlt ganz einfach am nötigen Geld oder an den Möglichkeiten, ein Kleinkind zu betreuen oder betreuen zu lassen, wenn die zweite Frau berufstätig ist.

Für die meisten Frauen sind solche Gründe und Argumente zwar durchaus verständlich und nachvollziehbar. Trotzdem kann die eindeutige Festlegung ihres Partners, keine Kinder mehr zu wollen, sie intensiv beschäftigen, wenn nicht sogar verletzen. Mit der Ex hat er ja schließlich auch eines gehabt!

»Mein Mann will lieber kein Kind mehr mit mir. Das belastet mich sehr«, erzählt die 33-jährige Iris, die vor einem Jahr von Wien nach Südengland gezogen ist, um mit John, 43, mehr als eine Wochenend-Beziehung führen zu können. Dass seine drei Kinder häufig bei ihnen sind, das erlebt Iris gelegentlich als durchaus anstrengend. »Ich glaube, dass ich geduldiger wäre und mehr Verständnis für sie hätte, wenn wir auch ein Kind hätten. Dann würde ich mich mehr als Mutter fühlen. Mein Mann hat aber Bedenken, was passiert, wenn wir uns trennen sollten. Er hat schon mit seiner Ex genug Probleme, wenn es um die Kinder geht. Das verstehe ich ja, trotzdem beschäftigt es mich sehr.«

Ehrlichkeit ist angesagt

Wegen seiner Kinder auf vieles zu verzichten, das sind wir Zweiten ja gewohnt. Aber auch definitiv auf eigene Kinder? Ist dieser Preis nicht doch zu hoch? Schließlich symbolisiert der Wunsch der Zweiten nach eigenen Kindern mit dem Partner oft die Hoffnung auf Erneuerung, auf eine individuelle gemeinsame Erfahrung. Nicht zuletzt, weil die Erste ihr jedenfalls in dieser Beziehung etwas voraus hat: Sie teilt etwas mit dem geliebten Partner, was die Zweite nie mit ihm teilen wird. Will er absolut keine Kinder mehr, dann kann das bei der Nachfolgerin den Ärger auf die Ex und ihre Kinder noch verstärken. Dass es in dieser Beziehung zwar Kinder, aber eben kein gemeinsames Kind gibt, können zweite Frauen als sehr schmerzhaft erleben. Es sei denn, das basiert wirklich auf einer gemeinsamen Entscheidung und auf Überzeugung.

Sie sollten also als zweite Frau in dieser Hinsicht sehr ehrlich zu sich selbst und zu Ihrem Partner sein. Konfrontieren Sie sich offen mit der Frage, ob es für Sie wirklich kein Problem ist, keine Kinder mit Ihrem Partner zu haben, oder ob Sie nur ihm zuliebe auf etwas verzichten, was Sie sich eigentlich wünschen. Es kann sehr wehtun, immer wieder daran erinnert zu werden, dass er mit der Ex etwas hat, »was er mit mir nie haben wird«. Verzichten Sie auf eigene Kinder also nur dann, wenn Sie das auch wirklich wollen.

Oder stimmen Sie ihm einfach zu, um ihn nicht zu beunruhigen? Und denken insgeheim, dass Sie ihn schon noch überreden werden? Oder dass er es sich schon noch anders überlegen wird, wenn Sie es einmal mit der Verhütung nicht so genau genommen haben? Eine fatale Strategie!

Es ist schon verständlich, dass für eine Zweite, die noch keine eigenen Kinder hat und die bei ihrem Mann mit ihrem Kinderwunsch auf strikte Ablehnung stößt, diese Frage zum Prüfstein für die Beziehung werden kann. Aber bauen Sie bloß nicht darauf, ihn umstimmen oder austricksen zu können. Eine Strategie, die darauf setzt, ihm ständig in den Ohren zu liegen oder absichtlich und gegen seinen Willen schwanger zu werden, könnte Sie schnell zur Verlassenen machen – oder zur allein erziehenden Mutter.

Verzicht ist nicht genug

Wenn Ihr Partner keine Kinder mehr möchte, Sie aber trotzdem mit ihm zusammenbleiben wollen, kann es viel sinnvoller sein, das Thema Kinderlosigkeit nicht ständig unter dem Aspekt des Verzichten-Müssens zu sehen, sondern sich die positiven Seiten vor Augen zu führen. Für die 38-jährige Rotraud jedenfalls ist eine solche Sichtweise ein wichtiger Schlüssel zum Beziehungsglück. »Für Willi ist das Thema Kinder eindeutig abgeschlossen, das hat er auch von Anfang an gesagt. Ich war mir da nicht immer so sicher«, erzählt die 38-jährige Grazerin.

Ihr 49-jähriger Mann, vermutet sie, hatte sich für seine beiden Kinder aus erster Ehe nicht wirklich und bewusst entschieden, sondern einfach den Wünschen der Ex gebeugt. Dass Willi einem neuerlichen Kindersegen reserviert gegenübersteht, kann Rotraud durchaus verstehen, auch wenn ihre Entscheidung für die Kinderlosigkeit nicht so eindeutig ist: »Es ist in gewisser Weise natürlich auch ein Verzicht für mich, aber kein besonders schwer wiegender. Weil es ja nicht nur wegen Willi ist, sondern auch, weil ich dann meine Karriere aufgeben müsste, was ich eigentlich nicht will. Aber ich möchte das nicht nur unter dem Gesichtspunkt des Verzichtens sehen. Wenn wir schon keine gemeinsamen Kinder haben und im Alltag im Wesentlichen das Leben eines kinderlosen Paares leben, dann will ich auch die Vorteile davon genießen, also viel reisen, Zeit haben, ungebunden sein. Verzichten allein wäre mir zu wenig.«

Und damit hätte die Zweite dann vielleicht auch etwas, was nur sie mit ihrem Mann teilt: Ein mehr auf die Beziehung orientiertes Leben mit ausreichenden Freiräumen.

Ende mit Schrecken?

Zweitehen und -partnerschaften werden durchaus glücklich und beständig, wenn sie nicht dem Ideal der bürgerlichen Vater-Mutter-

Kind-Familie entsprechen. Eine Erfahrung, die jedenfalls viele zweite Frauen gemacht haben. Wenn allerdings die Ablehnung des Secondhand-Partners, noch einmal Vater zu werden, und ein massiver Kinderwunsch seiner neuen Frau einander im Weg stehen und nicht vereinbar sind, dann sollte eine Konsequenz gezogen und eine Trennung erwogen werden – auch wenn das schmerzlich sein mag. Besser ein Ende mit Schrecken als ein Schrecken ohne Ende – in der Form wechselseitiger Vorwürfe in Permanenz.

Die 38-jährige Bregenzer Sekretärin Helga hat sich nach langen Überlegungen dazu entschlossen, sich nach drei Jahren von ihrem 49-jährigen Freund Markus wieder zu trennen, weil er mit ihr keine Kinder will. »Mit viel Druck hätte ich Markus gegenüber ja vielleicht ein Kind durchsetzen können, aber das wollte ich nicht. Wenn mit seinem jüngeren Sohn irgendwas ist, dann sagt er immer, dass seine Ex das Kind ja gegen seinen Widerstand wollte, und jetzt soll sie sehen, wie sie damit zurechtkommt. Dass er einmal so über mich spricht, das will ich nicht«, beschreibt Helga die oft angespannte Atmosphäre.

Dass das für sie einmal ein wichtiges Thema werden würde, das konnte sie sich früher nicht vorstellen. »Als ich in den Zwanzigern war, hatte ich überhaupt kein Verständnis für Frauen, die unbedingt ein Kind wollten, und habe mir vorgenommen, meine biologische Uhr nie ticken zu lassen. Später habe ich gedacht, ich könnte die Kinder von Markus lieben wie eigene, aber das geht nicht. Ich bin immer ganz deprimiert, wenn ich Paare mit Kleinkindern sehe. Jetzt habe ich mich entschlossen, mich zu trennen, bevor es zu spät ist. Mein Freund ist bald 50 und ich verstehe schon, dass er keine Kinder mehr will. Aber ich habe für mich entschieden, dass mein Kinderwunsch wichtiger ist als unsere Beziehung, so wie ja auch er nicht bereit ist, auf meinen Wunsch einzugehen.«

SECOND-WIVES-TIPPS

- **Wenn Sie sich mit einem Secondhand-Mann mit Kindern zusammentun, sollten Sie sich darauf einstellen, dass es ihm möglicherweise kein besonderes Anliegen ist, noch einmal Vater zu werden. Das sollte Sie nicht über Gebühr überraschen,**

schließlich hat er vielleicht in dieser Hinsicht reichlich Strapazen hinter sich.
- **Lassen Sie Ihren Kinderwunsch nicht davon leiten, dass Sie in einem vermeintlichen Wettbewerb mit der Ex stehen und sie Ihnen etwas voraus haben könnte. Ja, stimmt, sie hat etwas, das Sie nicht haben, nämlich Kinder. Aber Sie haben ja schließlich auch etwas, das sie nicht hat, nämlich Ihren Mann.**
- **Wenn Ihr Partner keine Kinder mehr will, versuchen Sie nicht, ihn zu erpressen oder zu hintergehen und gegen seinen Willen ein Kind durchzusetzen. Sie könnten rascher Alleinerzieherin sein, als es Ihnen lieb ist.**
- **Stellen Sie, wenn Sie auf den Wunsch Ihres Partners nach Kinderlosigkeit eingehen, nicht den Verzicht in den Vordergrund, sondern die damit verbundenen Vorteile. Schließlich ist es ja nicht unangenehm, die Freiheiten eines kinderlosen Paares zu genießen.**
- **Wenn sich die feste Entschlossenheit Ihres Partners, keine Kinder mehr zu wollen, und Ihr eigener heftiger Kinderwunsch in die Quere kommen, sollten Sie eine Trennung erwägen, bevor es zu spät ist und Sie ihm und sich selbst nach dem Ablaufen Ihrer »biologischen Uhr« dauerhaft Vorwürfe machen.**

Was das neue Kind verändern kann

Natürlich muss die Tatsache, dass ein Secondhand-Mann bereits Vater ist, für die neue Beziehung keinesfalls automatisch Kinderlosigkeit bedeuten. Viele Männer entschließen sich, den Neustart mit einer zweiten Frau auch mit gemeinsamen Kindern zu wagen. Und viele zweite Frauen berichten, dass ein solcher Entschluss und die Geburt eines Kindes nicht nur der Paarbeziehung gut tun, sondern auch die Beziehungen zu den anderen Beteiligten – zu ihren Stiefkindern, zu seiner Exfrau oder zu seiner Familie – entspannen können.

Das neue Baby kann zu einem Bindeglied werden, das alle näher zusammenbringt. Mit dem gemeinsamen Kind entsteht eine eigene Kernfamilie in der Stieffamilie, ihre Struktur verändert sich. Viele Stiefmütter fühlen sich entspannter und aufgewertet, wenn sie auch ein gemeinsames Kind mit ihrem Partner haben. Der Abstand zur Ex

verringert sich und die Rivalität kann sich leichter legen, weil ein stärkeres Gleichgewicht zwischen alter und neuer Familie entsteht.
Viele zweite Frauen haben auch das Gefühl, dass sie in ihrem Umfeld, besonders auch in der Familie ihres Partners, mehr Akzeptanz finden, wenn sie plötzlich nicht mehr nur Partnerin und Stiefmutter sind, sondern auch Mutter.
»Durch unser gemeinsames Kind hat sich mein schwieriges Verhältnis zu Werners Familie, in der es sehr traditionell zugeht, außerordentlich entspannt«, erzählt die Linzer Betriebswirtin Tina, deren Sohn Phillip heute eineinhalb Jahre alt ist. Die Familie ihres Mannes hatte sie früher für ihren Geschmack nicht ernst genug genommen und immer enge Beziehungen zu Werners geschiedenen Frauen gepflegt, den Müttern der Enkeltöchter. »Seit dem Kind gehöre ich auch dazu, immerhin bin ich die Mutter des männlichen Nachfolgers und entspreche jetzt auch ihrer Frauenrolle. Damit bin ich endlich akzeptiert«, beobachtet Tina. »Für mich hat sich mit meinem eigenen Kind alles sehr entspannt. Jetzt gibt es auch unsere Kleinfamilie und interessanterweise hat sich dadurch auch das Verhältnis zu Werners zweiter Frau verbessert. Vielleicht auch, weil sie mir jetzt eher zutraut, ordentlich für ihre Tochter zu sorgen, wo ich doch selbst Mutter bin, und weil sie da so einen gewissen gegenseitigen Mutterrespekt empfindet.«

Entspannung oder Stress?

So wie bei Tina und Werner trägt in vielen Fällen das eigene Kind des neuen Paares viel zur Entspannung einer oft nicht konfliktfreien Situation bei: Die Zweite wird für seine Verwandten und oft auch für die Ex akzeptabler, mit dem Kind hat sie sich auch endlich an »bürgerliche Verhältnisse« angepasst, sie ist nicht mehr die böse Verführerin, sondern eine ordentliche Mutter. Für sie selbst – und vor allem auch für ihre Umgebung – tritt damit eine gewisse Beruhigung ein. Durch das eigene Kind entspannt sich oft auch das Verhältnis der Zweiten zu ihren Stiefkindern, die sie nun realistischer und gelassener sieht.
Ob das neue Kind positive Wirkungen auf die Patchwork-Familie hat, hängt unter anderem auch davon ab, wie stabil die

Beziehungen zwischen den Partnern und die Beziehungen der Zweiten zu ihren Stiefkindern sind. Sind diese bereits einigermaßen gefestigt, kann das neue Kind zusätzlich zur Integration beitragen.
In manchen Fällen kann das gemeinsame Kind eines Mannes aus zweiter Hand und seiner neuen Partnerin allerdings auch dafür sorgen, dass die bestehenden Konflikte noch stärker in den Vordergrund treten. Denn Exfrauen fühlen sich oft noch einmal betrogen, wenn der neuen Beziehung nicht nur der Glanz der Dauer gegönnt ist, sondern auch ein Kind – schließlich war ein »gemeinsames Kind« ein Privileg, das sie bisher mit niemandem teilen mussten. Die bis dahin vielleicht noch einigermaßen elegant aufrechterhaltene Freundlichkeit endet dann abrupt, wenn die Nachfolgerin schwanger wird. Auch die Angst, dass ihre eigenen Kinder sich in der neuen Familie mit dem Zuwachs wohler fühlen könnten als bei einer Alleinerzieherin, spielt bei feindseligen Reaktionen der Ex auf den Nachwuchs ihres geschiedenen Mannes eine Rolle.
Gelegentlich wird die Möglichkeit zur demonstrativen Ablehnung des neuen Kindes – und natürlich auch seiner Mutter – von der Verflossenen als eine günstige Chance erlebt, sich an dem Mann nachträglich ein wenig zu rächen. Er, der einst seine Familie verlassen hat, soll jetzt sehen, was er davon hat. Die zweite Frau und ihr Kind kommen in solchen Fällen immer zum Handkuss, ob sie es wollen oder nicht.
Die 42-jährige Grazer Musikerin Helene zum Beispiel hatte alle Hände voll zu tun, ihrem heute neunjährigen Sohn Niki die Ablehnung durch seine Stiefschwester begreiflich zu machen. »Niki hat seine ältere Schwester total idealisiert. Sie interessierte sich allerdings absolut nicht für ihn und ließ ihn demonstrativ links liegen, wahrscheinlich auch, um ihren Vater zu ärgern«, erinnert sich Helene heute. »Er hat sehr darunter gelitten, dass sie ihn nicht wollte. So kann natürlich keine Beziehung entstehen. Ich musste ihm behutsam beibringen, dass das nichts mit ihm zu tun hat, sondern eben mit der Geschichte seiner Schwester, und dass es für sie keine leichte Situation war, ihren Vater mit einem anderen Kind teilen zu müssen.«

SECOND-WIVES-TIPPS

- **Auch wenn Sie es bisher mit der Familie Ihres Partners und mit seiner Ex besonders schwer hatten – geben Sie die Hoffnung nicht auf. Die Lage verbessert und entspannt sich oft deutlich, wenn auch Sie in den erlauchten Kreis der Mütter aufsteigen.**
- **Sie sollten sich allerdings auch darüber im Klaren sein, dass die Geburt Ihres Babys Ablehnung und Feindseligkeiten, vor allem von Seiten der Ex und ihrer Kinder, aktualisieren kann. Nehmen Sie das gelassen. Schließlich geht es darum, dass Sie und Ihr Partner glücklich werden.**

Geschwisterliebe, Eifersucht und Gerechtigkeit

Die Sorge vieler zweiter Frauen, die Kinder ihres Partners könnten mit heftiger Eifersucht und Ablehnung auf das neue Baby reagieren, stellen sich häufig als völlig unbegründet heraus. Im Gegenteil, oft können die Kinder, natürlich auch abhängig von ihrem Alter, dem Zuwachs sogar eine Menge abgewinnen.

Und das manchmal allen Unkenrufen von Großmüttern oder anderen Verwandten zum Trotz, wie die 40-jährige Pharmareferentin Bella anlässlich der Geburt ihrer heute 14-jährigen Tochter erfreut feststellte. Ihre Schwiegermutter stand damals der Idee, ein neues Enkelkind zu bekommen, mehr als skeptisch gegenüber. Sie fürchtete nämlich um das Seelenheil ihrer ersten Enkeltochter aus einer früheren Beziehung von Bellas Mann Gerd. »Als ich schwanger wurde und wir meine Schwiegereltern darüber informiert haben, da war die einzige Reaktion meiner Schwiegermutter: ›Das arme Kind wird sich aber zurückgesetzt fühlen.‹ Diese Bösartigkeit habe ich ihr nie verziehen«, ärgert sich Bella noch heute. Doch schließlich kam dann alles ganz anders. »Gerds erste Tochter, die damals sieben war, hat sich extrem gefreut, als Conny zur Welt kam. Sie war ständig bei uns und hat sich viel um die Kleine gekümmert.«

Die Begeisterung, mit der die kleine Conny von ihrer Schwester aufgenommen wurde, ist kein Einzelfall. Auch Tina konnte erleichtert feststellen, wie sich gleich nach der Geburt ihres heute eineinhalbjährigen Sohnes Phillip bei seinen Stiefschwestern regelrechte Begeisterung einstellte. »Seit ich mit Werner ein Kind habe, gibt es so etwas wie gelebte Großfamilie. Die beiden Schwestern des Kleinen mögen ihn sehr, spielen mit ihm und passen oft auf ihn auf. Das hat unter anderem meiner Beziehung zu den beiden Mädchen eine sehr positive Wendung gegeben, jetzt ist das alles Familie im besten Sinn«, erzählt die 36-jährige Betriebswirtin begeistert über die unerwartete Harmonie. »Da gab es nie ein Eifersuchtsproblem.«

Dafür, dass Ihre Stiefkinder dem Neuzuwachs wenn schon nicht begeistert, so doch entspannt entgegentreten, können auch Sie eine Menge tun. Kinder können umso freier und gelassener mit einem neuen Familienmitglied umgehen, wenn sie sich nicht dazu gezwungen fühlen, das Baby toll zu finden. Lassen Sie ihnen den Freiraum, selbst auf das Kind zuzugehen und ihren eigenen Umgang mit ihm zu finden. Fragen Sie nicht ständig, ob Sie sich auf den Familienzuwachs freuen, und reagieren Sie nicht beleidigt, wenn sie von der Schwangerschaft nichts wissen wollen. Nur wenn das Interesse freiwillig wachsen kann, kann auch eine tragfähige Beziehung entstehen.

Ängste und Eifersucht

Naturgemäß reagieren nicht alle Kinder mit Begeisterung und geschwisterlichem Engagement, wenn ihr Vater mit seiner neuen Partnerin ein Kind bekommt. Denn die Ankunft eines solchen Halbgeschwisters kann sie auch in einige Verwirrung stürzen und das aus vielen Gründen.

Für Kinder ist es wichtig, sich zugehörig zu fühlen. Nach der Scheidung ihrer Eltern haben sie wahrscheinlich einige Zeit daran gearbeitet, um zu beiden Elternteilen – und deren neuen Partnern – eine jeweils geeignete Form der Zugehörigkeit zu entwickeln. Wenn diese oft prekäre Balance plötzlich durch veränderte Bedingungen gestört wird, kann bei den Kindern die Angst entstehen, zurückgewiesen oder ausgegrenzt zu werden.

Eifersucht, Neid und Konkurrenzgefühle gibt es in jeder Familie. In biologischen Familien sind sie aber oft leichter zu bewältigen, weil die Zugehörigkeit klarer definiert ist. In Stieffamilien kann das Gefühl, mit zur Gruppe zu gehören, leichter brüchig sein oder gänzlich fehlen.

Die Ankunft Ihres Babys kann aber für die Kinder Ihres Partners auch eine gewisse Bedrohung darstellen, wenn sie fürchten, von ihrem mühsam eroberten Platz wieder verdrängt zu werden. Solche Ängste entladen sich dann in Eifersucht, die wiederum auch von Ihnen als Mutter bedrohlich erlebt werden kann. Anstatt zur allgemeinen Entspannung beizutragen, kann Sie Ihr Beschützerinstinkt dann manchmal dazu verleiten, den schließlich doch lieb gewonnenen Stiefkindern plötzlich wieder ablehnend zu begegnen. Besser ist es, der Eifersucht die Grundlage zu entziehen, indem Sie den Kindern zeigen, dass sie Ihnen ebenso wichtig sind wie vor der Geburt Ihres Babys.

Ganz so wie in biologischen Familien auch werden sich Eifersüchteleien zwischen den Kindern nie ganz ausräumen lassen. Vor allem Babys werden wegen der ihnen zuteil werdenden Rundum-Betreuung von älteren Geschwistern beneidet. Versuchen Sie ihnen sachlich zu erklären, warum dies und das notwendig ist, und betonen oder loben Sie die Selbstständigkeit der älteren Kinder.

Gelegentlich hat die Eifersucht der »ersten« Kinder eines Mannes, der mit seiner zweiten Frau noch einmal das Vaterglück wagen will, auch ganz handfeste, im Verhalten des Vaters liegende Gründe. Denn Männer, die sich bewusst für einen Neubeginn einschließlich eines weiteren Kindes mit der neuen Partnerin entscheiden, lassen sich auf dieses Kind oft viel mehr ein, als sie es in ihrer ersten Ehe gemacht – und gekonnt – haben. Sie sind reifer, haben sich bewusster für dieses Kind entschieden als für die früheren und haben vielleicht auch mehr Zeit, weil die größten beruflichen Anstrengungen bereits hinter ihnen liegen. So erfreulich diese engagierte Vaterschaft für Sie als Partnerin auch sein mag, machen Sie Ihrem Mann trotzdem klar, dass er sie vor seinen Kindern nicht allzu demonstrativ zur Schau tragen sollte. Besonders jetzt ist es wichtig, dass er sich auch viel um den erstgeborenen Nachwuchs kümmert.

Gerechtigkeit ist gefragt

Haben sich die Aufregungen um die Geburt des neuen Halbgeschwisters erst einmal gelegt und kehrt in die Patchwork-Familie wieder der Alltag ein, dann stellen sich üblicherweise ganz andere Fragen. Zum Beispiel die, ob Vater und (Stief)mutter auch wirklich alle Kinder gleich behandeln.

Manche Stiefmütter leiden darunter, dass ihr Partner Kinder aus erster Ehe großzügiger und weniger streng behandelt als das gemeinsame Kind. Sie haben den Eindruck, dass er sie für besonders schutzbedürftig hält, wenn sie zu Besuch kommen.

Manchmal wiederum tendieren Mütter dazu, mit ihren eigenen Kindern strenger zu sein als mit den Stiefkindern. Das liegt nicht nur daran, dass sie sich im Umgang mit ihrem eigenen Kind einfach sicherer fühlen. Sondern auch am Umstand, dass sie fürchten, von den Stiefkindern für böse und ungerecht gehalten zu werden. Den eigenen Kindern gegenüber haben sie dann häufig Schuldgefühle.

Für Frauen, die gleichzeitig Mütter und Stiefmütter sind, ist es natürlich wichtig, möglichst gerecht zu sein. Aber lösen Sie sich von dem Anspruch, immer alle gleich behandeln zu müssen. Das ist unrealistisch und wird selbst in biologischen Familien nicht durchgehalten.

SECOND-WIVES-TIPPS

- **Die Kinder Ihres Partners haben es sich nicht ausgesucht, noch ein Geschwister zu bekommen – Sie sind es, die das Baby wollte. Sie können also auch nicht erwarten, dass Ihre Stiefkinder genauso begeistert über den Nachwuchs sind wie Sie selbst.**
- **Beugen Sie Eifersucht schon früh vor. Beziehen Sie möglichst die Kinder Ihres Partners schon während der Schwangerschaft ein.**
- **Lösen Sie sich von dem Anspruch, alle Kinder immer gleich behandeln zu müssen. Lassen Sie Unterschiede zu, bemühen Sie sich aber um einen angemessenen und altersgerechten Umgang.**
- **Sprechen Sie nicht mit Ihren Kindern über die Fehler und Schwächen der Stiefkinder und umgekehrt. Wenn schon, dann offen und mit den nötigen Erklärungen, um für Verständnis für bestimmte Probleme zu werben.**
- **Wichtig ist, dass Sie sich mit Ihrem Partner einig über die Erziehung und den Umgang mit eigenen Kindern und Stiefkindern sind, und das den Kindern auch demonstrieren.**
- **Nehmen Sie den Vater in die Pflicht. Damit Eifersucht keine Chance hat, kann er sich verstärkt um seine Kinder kümmern, während Sie mit dem Baby beschäftigt sind.**

FREUDE UND TRÄNEN: FESTE FEIERN WILL GELERNT SEIN

Weihnachten & Co: Wohin gehört die Zweite?

Weihnachten als stillste Zeit im Jahr? Österliche Besinnlichkeit? Von wegen! Die angeblich besinnlichen Feiertage sind für viele Menschen regelrechte Stressfaktoren. Und zwar auch dann, wenn gar keine komplizierten Familienkonstellationen mit Expartnern, Kindern aus erster Ehe oder skeptischen Schwiegermüttern mit im Spiel sind. Denn Feiertage werden nicht nur durch eine ganz besondere Konsum-, Dekorations- oder Organisationshektik belastet, sondern auch durch die Tatsache, dass Menschen ein bestimmtes Datum mit vielen Emotionen und Erwartungen überladen.

Kein Wunder also, dass oft Probleme auftauchen, wenn Paare ihre ersten gemeinsamen Feste planen und gestalten. Denn mit Festen verbindet jede und jeder ganz spezielle Rituale, Gefühle und Erinnerungen, die sich nicht immer mit der Wirklichkeit vereinbaren lassen. Besonders dann aber, wenn Sie sich mit einem Mann aus zweiter Hand zusammengetan haben, können Weihnachten, Ostern oder Neujahr zur regelrechten Psycho-Falle werden. An Fest- und Feiertagen geht es auch um die Ausgestaltung der Beziehungen in einer Patchwork-Familie.

Sie müssen sich also darauf einstellen, dass Sie Familientraditionen und Vorstellungen vorfinden, die Ihnen nicht immer in den Kram passen. Statt den Anlass mit einem romantischen Tete-a-Tete zu begehen, werden Sie die Festtage unter Umständen mit den Kindern Ihres Partners verbringen müssen. Statt sich mit Ihrem Liebsten von den Anfechtungen des strapaziösen Alltags zu erholen, schlägt Ihnen möglicherweise am Festtagstisch die offenkundig höchst beschränkte Begeisterung Ihrer eigenen Familie für Ihren neuen Anhang entgegen. Oder statt mit Ihrem Mann in einem angenehmen Restaurant zu feiern, finden Sie sich vielleicht in Ihrer Küche wieder, um in mühsamer Kleinarbeit einen Karpfen oder Truthahn zuzubereiten – und dann können Sie sich vielleicht noch die spitzmündig vorgebrachten Kommentare seiner Mutter oder Schwester über Ihre Kochkunst anhören.

Heile Welt und Familienkitsch

Besonders Feiertage wie Weihnachten oder Ostern werden nicht nur im mehr oder weniger trauten Familienkreis begangen, sie sind auch besonders anfällig für Familienkitsch. Besonders zu den hohen christlichen Festtagen wird das Ideal der traditionellen, heilen Familie gefeiert. Das kann bei allen, die keine herkömmliche Familie haben, Irritation, aber auch Trauer und Wut verursachen.
Bei zweiten Frauen kommt dann angesichts der hehren Familienideale, die im Mittelpunkt stehen, oft auch noch eine Portion schlechtes Gewissen dazu. Statt sich über ihre neue Familie zu freuen, können sie sich gelegentlich nicht ganz vom Schuldgefühl lösen, für das Ende der früheren Familie zumindest mitverantwortlich zu sein. Um das zu kompensieren, bemühen sie sich dann, ihrem Mann und den Kindern ganz besonders gelungene Feste zu bereiten, und stecken ihre eigenen Bedürfnisse zurück. Aus dem präsumtiven Freudenfest kann ein emotionales Belastungspaket werden.
Wer wann mit wem unter welchem Weihnachtsbaum oder an welchem Ostertisch das Fest feiert, symbolisiert für viele Menschen, wer zu wem und zu welcher Familie gehört. Kein Wunder also, dass deshalb auch die Ex rund um Feiertage zu wahrer Höchstform aufläuft, wenn es darum geht, ihrem Verflossenen und seiner neuen Partnerin das Leben schwer zu machen. Vor allem über die Frage, wo die Kinder feiern sollen, wird oft Grundsätzliches thematisiert. Häufig bestehen die Mütter darauf, dass die Kinder

bei ihnen feiern – und die Väter können sich aussuchen, das Fest ohne die Kinder zu verbringen oder auf die Vorgaben der geschiedenen Frau einzugehen. So entscheidet die Ex häufig auch mit, wie die zweite Frau feiert.

Wenn Zweite teilen müssen

Viele Zweite sind nicht nur mit dem Ärgernis konfrontiert, dass die Verflossene – wie in vielen anderen Situationen – massiv in ihrem Leben Regie führt, sondern sehen sich auch noch als Seelentrösterin gefordert. Zweite Frauen müssen an den Feieretagen oft ihrem Partner helfen, mit der Trauer darüber fertig zu werden, dass er seine Kinder nicht bei sich haben kann. Weil er der scheinbar Hauptbetroffene ist, stellen sie ihre eigenen Gefühle zurück, um ihren Secondhand-Mann nicht zusätzlich zu belasten.
Dabei sind aber Feiertage auch für sie selbst eine schwierige Zeit, die sie vielfach mit gemischten Gefühlen erleben. Denn zu diesen Anlässen werden zweite Frauen mehr als zu anderen Zeiten an die Vergangenheit ihrer Partner – und an die Ex – erinnert, ebenso wie an die Tatsache, dass sie ihren Mann mit einer Familie teilen müssen. Eine positive Einstellung und hohe Flexibilität sind hier gefragt und in aller Regel auch der bessere Weg, als in Wut und Ärger zu versinken. Hoffentlich können Sie zumindest damit rechnen, dass Ihr Partner Ihre Gefühle versteht und respektiert.

Rituale und Traditionen

Doch gerade Männern aus zweiter Hand fällt das nicht immer leicht. Oft haben sie sich rund um Feier- und Festtage an Traditionen und Rituale gewöhnt und gehen ganz selbstverständlich davon aus, dass auch die neue Frau an ihrer Seite dabei mitmachen wird.
»Stefan wünscht sich immer, dass wir zu Wehnachten ein großes Essen für seine Mutter, seine Schwestern und, wenn die Ex es erlaubt, seine Töchter veranstalten«, erzählt die 28-jährige Berliner Verlagsassistentin Sandra. Grundsätzlich stört es sie auch nicht wirklich, für Stefans Anhang ein traditionelles Weihnachtsmenü

aufzukochen. Wäre da nicht das Gefühl, dass sie einfach eine festgeschrieben Rolle übernommen hat. »Da kommt mir dann immer die Vorstellung in die Quere, dass seine erste Frau das auch genauso gemacht hat, zur gleichen Zeit, das gleiche Ritual. Und das stört mich natürlich. Und jeden Moment warte ich darauf, dass mich irgendwer mit ihrem Vornamen anspricht«, beschreibt Sandra ihr Unbehagen. »Weil es ihm wichtig ist, mache ich es eben. Aber ich hasse es. Ich würde mir wünschen, dass er einmal versteht, was mich so irritiert. Warum können wir nicht, um das Ritual zu durchbrechen, wenigstens ins Restaurant gehen oder auch einmal andere Leute einladen.«

Dass die Zweite den Eindruck nicht loswird, in die Fußstapfen der Ersten und damit in einen völlig unnötigen Wettbewerb gedrängt zu werden, beschränkt sich natürlich nicht auf Feiertage. Zu solchen Anlässen kann sich diese Vorgabe aus der Vergangenheit aber besonders plastisch aktualisieren. Da hilft nur eines: Führen Sie sich immer wieder vor Augen – und holen Sie sich im Idealfall auch die Bestätigung dafür bei Ihrem Partner – dass sie keine Neuauflage der Verflossenen, sondern etwas ganz Besonderes sind.

Auch ein Schuss Pragmatismus ist ganz hilfreich, wenn familiäre Rituale Ihres Partners Ihren Seelenfrieden gefährden. Schließlich geht es nur um ganz wenige Tage im Jahr. Tun Sie ihm eben den Gefallen, wenn es ihm wichtig ist. »Ich spiele halt dabei mit, Weihnachten oder Ostern so zu gestalten, wie er das will«, zeigt sich die 37-jährige Wiener Übersetzerin Monika kompromissbereit, wenn es um die Wünsche ihres 46-jährigen Gebrauchtmannes Alexander geht. »Es sind ja nur zwei Abende im Jahr, was spielt das schon für eine Rolle. Ich spiele, wie das auch seine Ex schon gemacht hat, die Hausfrau für seine Eltern und seinen Sohn. Dafür gibt es einen klaren Deal: Silvester feiern wir immer mit meinen Freunden. Das macht ihm zwar weniger Spaß, aber so sind eben Gegengeschäfte.«

Feiern mit der Ex?

Was zweite Frauen allerdings oft noch viel mehr irritiert, als für die Familie ihres Partners die Gastgeberin zu spielen, ist die Tatsache, dass ihnen gelegentlich ausgerechnet zu Feiertagen der Mann an ihrer Seite abhanden kommt. Denn vor allem geschiedene Väter kommen rund um Festlichkeiten gar nicht so selten in die undankbare Position, sich – vermeintlich oder tatsächlich – zwischen ihren Kindern und der zweiten Frau entscheiden zu müssen. Bei Familienfesten geht es im Kern dann immer um Fragen wie: Wo gehöre ich hin? Wo gehört mein Mann hin? Wer ist hier die Familie?

»So unsympathisch das ist, aber manchmal hasse ich seine Kinder und die Ex fast«, beschreibt die 21-jährige Lotti ihre vorweihnachtlichen Gefühle. Seit einem Jahr lebt die Berner Verkäuferin mit dem 33-jährigen Urs zusammen, der von seiner Ex zwar seit langem getrennt, aber nicht geschieden ist und mit ihr eine fünf- und eine siebenjährige Tochter hat. »Plötzlich will er die nächsten Weihnachten bei seiner Verflossenen und den Kindern verbringen«, ärgert sich Lotti. »Da steckt sicher wieder die Ex dahinter. Wir hatten deswegen auch einen Riesenkrach.«

Lottis Aufgebrachtheit ist verständlich. Denn wenn der Partner die Feiertage mit Ex und Kindern verbringt, ist das für zweite Frauen nicht nur deshalb sehr belastend, weil sie das angebliche Familienfest ohne ihren Lieblingsmann verbringen müssen. Sondern auch, weil das Arrangement doch sehr nach Familienzusammenführung aussieht. Keineswegs nur in der Fantasie der Zweiten, sondern ganz real kann das traute familiäre Zusammensein auch bei der Ersten zu Missverständnissen einladen oder bei den Kindern falsche Hoffnungen aufkommen lassen.

Gelegentlich lösen geschiedene Väter das Dilemma, dass ihre Kinder Festtage möglichst mit beiden Eltern feiern sollen, nicht durch eine Entscheidung zwischen Exfamilie und neuer Frau, sondern durch »die große Synthese«: Erste, Zweite und Kinder sollen mit dem Zerrissenen gemeinsam feiern. Nicht jeder zweiten Frau gelingt es, in solchen Fällen eine Großzügigkeit an den Tag zu legen wie die 62-jährige Wienerin Lisa, die in den mittlerweile 25 Jahren Ehe mit ihrem Mann Tobias, einem 60-jährigen Immobilienmakler, oft solche großfamiliären Feste ausgerichtet hat. »Ich war in diesen Fragen der Ex gegenüber generös«, erinnert sie sich. »Wir feierten Weihnachten gemeinsam mit ihr und den Kindern und das fiel mir eigentlich auch leicht. Denn mein Mann hat mir ohnehin immer das Gefühl gegeben hat, die Nummer eins zu sein. Für die Kinder war das auch angenehm, sie haben sich sicher weniger zerrissen gefühlt als in Fällen, wo einmal bei der Mutter und einmal beim Vater gefeiert wird.«

Mit ihrer Großherzigkeit mag sich Lisa wohl einiges an Diskussionen und Konflikten erspart haben. Doch nicht für alle zweiten Frauen ist sie die passende Antwort auf den Wunsch, Familienfeste in trautem Kreis mit der wenig geliebten Ex zu verbringen. Bevor Sie sich auf ein derartiges Arrangement einlassen, sollten Sie einmal ganz genau hinsehen, woher die Initiative zur großen Synthese kam. Wenn sie von der Ex ausging, dann können Sie getrost davon ausgehen, dass es ihr nicht darum geht, Ihnen einen Gefallen zu tun. Wenn es Ihr Partner ist, der sich das gemeinsame Fest wünscht, könnte es sein, dass ihn noch immer ein schlechtes Gewissen gegenüber seiner Exfamilie plagt. Wenn Sie sich dabei nicht wohl fühlen, gibt es allerdings keinen guten Grund, dass Sie ihn unter dem Motto »Wir sind ja so nett und tolerant« dabei unterstützen, völlig unnötige Schuldgefühle abzubauen. Helfen Sie ihm lieber dabei, zu erkennen, dass es gar keinen Grund dafür gibt, sich noch Jahre schuldig zu fühlen, nur weil er sich für eine neue Frau entschieden hat.

Die beste Strategie, um Feierlichkeiten mit der Ex – ob Sie nun dabei sind oder nicht – zu vermeiden, ist Klarheit: Durchbrechen Sie das immer noch verbreitete Dogma, für Kinder sei es wichtig, mit beiden Eltern gemeinsam zu feiern. Ist es nicht. Je früher sie sich damit vertraut machen, dass es die ursprüngliche Kernfamilie nicht mehr gibt, desto besser werden die Kinder mit der neuen Konstellation umgehen lernen. Wenn also niemand sonst auf die Idee kommt, sollten Sie vorschlagen, dass einfach alle Feste für die Kinder zweimal gefeiert werden: Einmal bei der Ex und einmal bei Ihnen und Ihrem Partner. Vielleicht stoßen Sie ja bei der Ex damit auf Widerstand, bei den Kindern ganz sicher nicht: Ihnen wird es Spaß machen, wenn der Osterhase zweimal kommt.

Wenn seine Kinder mitfeiern

Wenn die Kinder eines Secondhand-Mannes Feiertage mit ihrem Vater und seiner neuen Frau verbringen, läuft das kaum ohne Spannungen ab. Wie sehr die Stiefmutter sich auch bemüht – die Kinder werden sentimental an die Zeit denken, als die Familie noch zusammen war. Stiefmütter und -kinder geraten sich gerade zu solchen

Anlässen auch deshalb leicht in die Haare, weil sie einfach unterschiedliche Vorstellungen haben und unterschiedliche Dinge wollen. Die Kinder wünschen sich vielleicht ein aufregendes Fest, bei dem ihnen ihr Vater ganz zur Verfügung steht, die Stiefmutter vielleicht einen ruhigen Abend. Beide müssen Kompromisse machen.
Viele zweite Frauen werden allerdings dabei das Gefühl nicht los, dass ihnen ein weit größeres Maß an Flexibilität abverlangt wird als den Sprösslingen. »Ich habe es schon langsam satt, dass mein Freund immer alle Pläne umstößt, wenn es um die Feiertage und seine Tochter geht. Ich nehme es gar nicht mehr ernst, wenn er sagt, dass wir gemeinsam zu solchen Anlässen wegfahren«, beklagt die 32-jährige Ruth die fehlende Berechenbarkeit ihres Feiertagsprogramms. Als Stewardess muss die Innsbruckerin immer langfristig planen, wenn sie an Feiertagen frei haben will. Doch oft gestalten sich die Urlaubstage mit ihrem 38-jährigen Freund Chris ganz anders, als sie sich das vorgestellt hatte. »Letztes Jahr waren wir zu Silvester bei Freunden eingeladen und haben zugesagt. Dann hat seine Tochter – oder vielmehr natürlich seine Ex, die ausgehen wollte – beschlossen, dass sie mit uns feiern will. Und plötzlich finde ich mich wieder in der Küche statt als Gast auf einem Fest und koche für seine Familie.«
Wichtig ist, dass Sie mit Ihrem Partner rechtzeitig besprechen, wie die bevorstehenden Feiertage verbracht werden, damit es dann keine Missverständnisse und Enttäuschungen gibt. Dabei sollten Sie auch sehr klar machen, was für Sie in Ordnung ist und was Sie als Zumutung empfinden würden. Sie sollten aber auch genau zuhören, was sich Ihr Partner wünscht. Wenn Sie merken, dass es für ihn wirklich wichtig ist, den Abend mit seinen Kindern zu verbringen, sollten Sie versuchen darauf einzugehen.
Das muss ja noch lange nicht bedeuten, dass Sie auf einen romantischen Abend zu zweit ganz verzichten. Finden Sie am besten neue Wege, um solche Anlässe auch als Paar zu feiern, und fixieren Sie sich dabei nicht auf bestimmte Termine. Sie können doch zu zweit genauso gut am 23. Dezember Weihnachten feiern, wenn dann am 24. die Kinder kommen.
Auch den Kindern gegenüber sollten Sie keine in der Kernfamilie entwickelten Fest-Traditionen imitieren. Versuchen Sie lieber, Ihre eigene Art des Feierns zu etablieren und die Kinder diese auch mitentwickeln zu lassen. Sie werden es überleben, wenn der Christ-

baum, den Sie so gerne elegant in Rot und Gold gestalten, einmal bunt und kitschig ist oder wenn es statt Ihrem traditionellen Karpfen einmal Pizza gibt, weil die Kinder das lieben. Es ist immer Platz für Gesten, die es für alle leichter machen. Wenn Sie und Ihr Partner ein Fest gemeinsam mit den Kindern planen und vorbereiten, kann das eine wichtige Vertrautheit herstellen. Und es kann ziemlich hilfreich sein, wenn die Ex wieder einmal die Kinder und Sie gegeneinander ausspielen will, auf angenehme gemeinsame Erfahrungen und Erlebnisse zurückblicken zu können.

SECOND-WIVES-TIPPS

- **Feiertage und Feste sind für viele zweite Frauen kein Grund zum Feiern, sondern Anlass zu Stress, insbesondere, wenn ihr Partner Kinder hat. Am besten können Sie festtäglichen Dramen vorbeugen, wenn Sie mit Ihrem Partner rechtzeitig besprechen, wie der Anlass begangen werden soll – und was für Sie akzeptabel und wünschenswert ist.**
- **Sie müssen es weder hinnehmen, dass Sie alleine zu Hause sitzen, während Ihr Partner mit seiner Ex und seinen Kindern feiert, noch dass Ihnen ein gemeinsames Festessen mit der Ex aufgedrängt wird. Wenn die Kinder zu den Feiertagen unbedingt mit Vater und Mutter feiern sollen, dann wenigstens getrennt. Es spricht absolut nichts dagegen, dass alle Feste zweimal stattfinden: einmal bei der Mutter der Kinder, einmal bei Ihnen und Ihrem Partner.**
- **Wenn die Kinder Ihres Partners zu den Feiertagen kommen, sorgen Sie dafür, dass es vorher oder nachher Zeit für Sie als Paar gibt, allein zu feiern. Das wird Ihnen auch die Gelassenheit geben, beim Feiern auf die Wünsche und Vorstellungen der Kinder einzugehen. Und sollten Ihnen diese einmal gegen den Strich gehen, bedenken Sie: Je angenehmer die Kinder gemeinsame Erlebnisse mit Ihnen in Erinnerung behalten, umso schwerer wird es ihrer Mutter fallen, Sie bei ihnen schlecht zu machen.**
- **Wenn all diese Strategien nicht greifen und Sie riskieren, die Feiertage leidend zu verbringen, dann entziehen Sie sich dem ganzen Stress: Fahren Sie weg und erholen Sie sich in einer angenehmen Umgebung. So entgehen Sie garantiert allen Debatten, wer wann wo mit wem feiert.**

Familien- und Kinderfeste: Wer ist dabei?

Nicht nur an für Familienkitsch und Moralisierung besonders anfälligen Feiertagen wie Weihnachten, Ostern oder Neujahr kann es für zweite Frauen »eng« werden – die Entscheidung, wer mit wem wo feiert, ist schließlich ein Symbol für ihren Status in der Familie. Auch bei Familienfeiern wie Hochzeiten, Taufen, Firmungen oder Jubiläen stellen sich zweite Frauen eine Menge Fragen: Muss ich mir das überhaupt alles antun? Ist nur die Ex eingeladen oder bin ich auch dabei? Wie soll ich mich verhalten, wenn ich dort auf die Ex treffe? Sollen sich die Verwandten für eine der beiden Nachfolgefamilien entscheiden, die nach der Scheidung entstanden sind? Wer begleitet die Kinder?

Je nach Anlass und Gastgebern geraten zweite Frauen in solchen Fällen immer wieder in Situationen, die ihnen einiges Kopfzerbrechen bereiten. »Leicht fällt es mir bis heute nicht, bei Familien-Events dabei zu sein«, erzählt die 39-jährige Salzburger Kindergärtnerin Konstanze. Die Ex ihres 44-jährigen Mannes Jörg, mit dem sie seit mittlerweile sechs Jahren verheiratet ist, macht ihr immer wieder zu schaffen, wenn sie versucht, mit ihrer zehnjährigen Tochter und deren Vater Familien-Revivals zu inszenieren. »Bei der Erstkommunion der Kleinen zum Beispiel hat es mir schon einen ziemlichen Stich gegeben, als ich da seine Ex traf und des Kindes wegen auf Familie gemacht wurde, mit Familienfotos der drei und so. Mittlerweile geht das besser, aber es nagt noch immer.«

Stehen als Anlass für die Feierlichkeit Kinderereignisse im Mittelpunkt, wird es schwierig sein, die Anwesenheit der Ex zu vermeiden. Wenn Ihnen das unangenehm ist, haben Sie es immerhin in der Hand, der Begegnung auszuweichen und nicht hinzugehen. Dabei sollten Sie aber immer auch bedenken, wie das bei den Kindern ankommt. Wenn diese Sie völlig selbstverständlich an der Seite ihres Vaters erwarten, dann könnte Ihre Abwesenheit auch Intrigen der Ex gegen Sie Auftrieb geben. Wägen Sie also gut ab, ob Sie eine solche Einladung annehmen oder nicht.

Anders sieht die Sache aus, wenn Ihnen die Entscheidung darüber, ob Sie an den Festlichkeiten teilnehmen wollen, aus der Hand genommen wird. Etwa, weil die Ex nicht daran denkt, die neue Frau an der Seite ihres Verflossenen auch als seine offizielle Begleiterin zur Kenntnis zu nehmen, oder weil die Verwandtschaft aus Unsicherheit nicht wagt, Sie beide einzuladen, und die Ex vorzieht. Dann gibt es keinen Grund zu schmollen und die Märtyrerin zu spielen. Wenn es Sie beleidigt, dass Sie nicht dabei sein sollen, dann artikulieren Sie das auch. Niemand ist sich in solchen Situationen so ganz sicher, was sich gehört und was nicht. Etablieren Sie also Ihren eigenen »Knigge für die zweite Frau« und sagen Sie allen Beteiligten ganz klar, welche Einladungspolitik Sie für angebracht halten.

Das stößt allerdings nicht immer auf offene Ohren. »Die Ex hat nach wie vor viel Kontakt zu den Eltern meines Freundes und zu allen Familienfeiern werden wir beide eingeladen«, erzählt die Hamburger Bankangestellte Katja, 40. Mit ihrem 39-jährigen Mann Erich, der mit seiner Ex zwei Söhne hat, lebt sie seit fünf Jahren zusammen. Die Begegnungen mit Erichs Ex bei familiären Festen erlebt sie alles andere als angenehm. »An solchen Feiern nimmt sie dann immer sofort Besitz von meinem Freund, umarmt ihn, betont Vertrautheit und Gemeinsamkeiten. Oder sie schwebt, wenn sie reinkommt, direkt auf ihn zu und muss sofort und ganz vertraulich wegen der Kinder was mit ihm besprechen. Jedes Mal, wenn sie so auftritt, beginne ich mich überflüssig zu fühlen, was Erich überhaupt nicht versteht.« Auch seine Eltern und Geschwister können wenig damit anfangen, dass Katja derartigen Inszenierungen nichts abgewinnen kann. »Meine Forderung«, erzählt sie, »sich zu entscheiden und nur sie oder Erich und mich einzuladen, halten sie für völlig überspannt und unmöglich.«

Wenn die Zweite die Erfahrung machen muss, dass ihre Bedürfnisse und Anregungen auf wenig Resonanz stoßen, dann ist es auch durchaus verständlich, wenn sie auf Feierlichkeiten mit der Familie ihres Partners überhaupt verzichten will, auch wenn ihn das unter Umständen wenig begeistert. »Welche Szenen er mir oft machte, wenn ich keine Lust hatte, mitzukommen, weil ich seine Ex nicht treffen wollte. Angeblich würde ich seine Familie vor den Kopf stoßen«, beschreibt die 28-jährige Berlinerin Sandra einen regelmäßigen Konfliktpunkt mit ihrem Mann Stefan. Dass die Verlagsassistentin seiner Ex – und Mutter seiner beiden Töchter – lieber aus dem Weg geht, als sich einen Nachmittag oder Abend zu verderben, versteht er nicht. »Es heißt zwar oft, es ist besser, erst recht teilzunehmen, wenn die Ex da ist, um den eigenen Platz zu verteidigen und das Revier zu markieren. Aber ich muss abwägen, was es mir wirklich wert ist. Es ist mir nicht wert, einen Tag zu leiden, am Rande zu stehen und trotzdem zu lächeln. Da kann ich wirklich verzichten. Mittlerweile sehe ich das ziemlich gelassen, gehe nicht hin und freue mich, einen Tag für mich zu haben. Ich würde nie mehr einen Nachmittag mit seinen Kindern und seiner Ex verbringen«, sagt Sandra.

Happy birthday?

Wo ist eigentlich mein Platz? Diese Frage stellen sich zweite Frauen oft auch dann, wenn es um Geburtstagsfeiern für die Kinder ihres Secondhand-Mannes geht. Denn noch viel mehr als bei Feiern, die seine Familie ausrichtet, haben es bei Kinderfesten die Exfrauen in der Hand, die Zweite spüren zu lassen, dass sie nicht erwünscht ist. »Den Kindergeburtstag und die dazugehörige Party verbringt Jörg immer zusammen mit seiner Tochter und der Ex bei ihr, da bin ich dann auch nie eingeladen«, erzählt die Salzburger Kindergärtnerin Konstanze. Dass sie ihn auch nach sechs Jahren, die sie nun mit Jörg schon zusammen ist, zu solchen Anlässen nicht begleiten darf, ärgert sie mindestens ebenso wie die Begründung dafür. »Das wäre für ihre Mutter sicher nicht angenehm, wenn ich käme, sagt die Kleine.« Dass die Zehnjährige ganz von allein auf diese Idee gekommen sein soll, will Konstanze nicht so recht glauben.
Wenn Sie sich als Stiefmutter im Kinderalltag engagieren, ist es durchaus legitim, dass Sie auch für die Kinder wichtige Ereignisse mit ihnen feiern wollen. Wenn die Ex Sie nicht dabei haben will – oder Sie nicht unbedingt mit ihr feiern wollen –, sind auch für diese Fälle getrennte Feste eine gute Strategie. Schlagen Sie Ihrem Partner und den Kindern doch vor, die Geburtstagsparty abwechselnd in einem Jahr bei ihr und im darauf folgenden Jahr bei Ihnen zu veranstalten. Wenn das keinen Anklang findet, haben Sie immer noch die Wahl: Entweder es wird doppelt gefeiert oder Sie ziehen sich zurück und gönnen sich an den fraglichen Nachmittagen ein angenehmes Freizeitprogramm.

Schule, Sport und Co.

Das Motiv dafür, dass die Ex ihre Nachfolgerin von Kinderfeiern fern zu halten versucht, liegt häufig auf der Hand: Wenn die Neue sich schon ihren Mann geangelt hat, dann soll sie wenigstens nichts von der gesellschaftlichen Anerkennung abbekommen, die die Mutterrolle nun einmal mit sich bringt. Die Eltern von Freunden ihrer Kinder sollen die lästige Zweite genauso wenig zu Gesicht bekommen – auch wenn sie sich zumindest zeitweise durchaus engagiert um die Kinder kümmert – wie Lehrer, Trainer oder Kindergärtnerinnen. So wird auch gelegentlich die Entscheidung darüber, wer an Schul- oder Sportfesten der Kinder teilnimmt, zum regelrechten Machtkampf.

»Ich stehe ja wirklich nicht auf Feste mit Achtjährigen und ihren aufgeregten Müttern. Aber es hat mich doch sehr gerührt, als mich Ludwigs jüngerer Sohn Manuel vor ein paar Jahren zum ersten Mal zu seinem Schulabschlussfest eingeladen hat. Für mich war es irgendwie die Bestätigung, dass er mich wirklich akzeptiert hat«, erzählt die 35-jährige Rosa aus Zürich über eine für sie erfreuliche Annäherung zwischen ihr und einem ihrer beiden Stiefsöhne. Ludwigs Ex konnte der Initiative ihres Sohnes allerdings wenig abgewinnen. »Daniels Mutter hat das boykottiert und erklärt, ich hätte dort nichts verloren und das würde nur Verwirrung stiften. Ich habe mich extrem ausgeschlossen gefühlt und war wütend«, erinnert sich Rosa. »Kümmern darf ich mich ja schon um ihre Kinder, wenn sie keine Zeit hat, und mit ihnen lernen und all das, aber ich darf ja keine Anerkennung von anderen dafür kriegen. Das hält sie nicht aus.«

Möglicherweise kommen Sie bei Schulfesten, Sportveranstaltungen und ähnlichen Events ohnehin zum Ergebnis, dass Sie da nicht viel versäumen, wenn Sie nicht dabei sind. Aber es sollte Ihre Entscheidung bleiben. Lassen Sie sich nicht von der Ex davon ausschließen, nur weil sie verhindern will, dass noch jemand außer ihrem Verflossenen Sie sympathisch finden könnte. Nehmen Sie in solchen Konflikten auch ruhig Ihren Partner in die Pflicht. Schließlich ist es auch ein wenig seine Entscheidung, von wem er sich bei welchem Anlass begleiten lässt. Lassen Sie sich auch nicht davon beunruhigen, dass Sie bei solchen Ereignissen auf eine eingeschworene Elterngemeinschaft treffen könnten, in der Sie neu sind und niemanden kennen. Da braucht es oft tatsächlich eine Portion Selbstbewusstsein, um sich nicht verloren vorzukommen. Aber das können Sie auch ruhig haben. Bekennen Sie sich zu Ihrem Status als Stiefmutter und seien Sie stolz darauf. Schließlich ist es nicht selbstverständlich, dass Sie sich so liebevoll für die Aktivitäten der Kinder interessieren und engagieren.

SECOND-WIVES-TIPPS

- **Gehen Sie davon aus, dass alle Beteiligten unsicher sind, wie sich Familienfeste zwischen Ex und Neuer am besten arrangieren lassen – nicht nur Sie. Vielleicht sind die Verwandten Ihres Partners ganz froh über einen Hinweis, wie Sie sich das vorstellen könnten. Sagen Sie es ihnen, wenn es Ihnen nichts ausmacht, dass auch die Ex dabei ist. Sonst riskieren Sie vielleicht, bloß nicht eingeladen zu werden, weil man rücksichtsvoll keine Begegnung zwischen den vermeintlichen Konkurrentinnen provozieren will. Machen Sie aber auch Ihren Standpunkt klar, wenn Sie der Meinung sind, dass die Ex nicht immer mit dabei sein muss.**
- **Lassen Sie sich von Kinder-, Sport- und Schulfesten von der Ex nicht verbannen. Es muss Ihre Entscheidung bleiben, ob Sie an solchen Events teilnehmen wollen oder nicht. Bedenken Sie, dass Sie mit Ihrer Anwesenheit auch sichtbare Fakten schaffen. Jedenfalls wird es der Mutter Ihrer Stiefkinder dann nicht gelingen, ihnen einzureden, sie würden Ihnen ohnehin nichts bedeuten.**

WER WILL MICH? VOM UMGANG MIT SEINER VERWANDTSCHAFT

Wenn die Exfamilie gekittet werden soll

Bei der Trennung eines Paares und dem Auftauchen einer zweiten Frau fühlen sich viele Menschen rund um das neue Paar – vor allem Familie und Freunde – dazu berufen, Partei zu ergreifen und gute Ratschläge zu geben. Und nicht immer sind diese Bemühungen gerade von besonderer Sympathie für die Zweite geprägt.

Eine Erfahrung, von der viele zweite Frauen berichten, sind Versuche von Eltern, Geschwistern oder Freunden ihres neuen Partners, die Geschichte ein Stück zurückzudrehen, zu retten, was nicht zu retten war, und die in Brüche gegangene Beziehung durch ihr Zutun doch noch irgendwie zu kitten.

»Nicht nur meine Eltern haben sich ständig Sorgen darüber gemacht, dass meine Beziehung zu diesem um 20 Jahre älteren geschiedenen Mann mit seinen beiden Kindern doch nicht das Richtige für ihre Tochter ist«, erzählt die 29-jährige Pharmazeutin Anna. Mit ihrem ehemaligen Professor Otmar, 49, lebt sie seit zwei Jahren in Wien. »Auch Otmars Mutter hat mich total abgelehnt und ihrem Sohn ins Gewissen geredet, dass er mit so einer Jungen doch nichts anfangen könne und dass in seiner Position die Ex doch viel präsentabler sei. Diese dauernden Interventionen haben unsere Beziehung enorm belastet.«

Nicht immer werden allerdings die Restaurierungsversuche gegenüber dem neuen Paar so offen ausgesprochen, dass es dann wenigstens klar reagieren kann. Manchmal wird auch über Bande gespielt – und die Kinder sollen zu Zeugen einer angeblich noch nicht völlig beendeten Liebe gemacht werden. »Nach meiner Übersiedlung begannen die Eltern von John plötzlich die Kinder gegen mich aufzuhetzen«, erzählt die 33-jährige Iris, die vor einem Jahr von Wien nach Südengland gezogen ist, wo sie mit ihrem Mann und drei Teilzeit-Stiefkindern lebt. »Sie erklärten ihnen, dass ihre Mutter meinen Mann immer noch lieben würde. Dabei hatte sie ihn ja wegen eines anderen verlassen, mit dem sie auch noch zusammenlebt. Und das Störmanöver hat dann tatsächlich dazu geführt, dass die Kleinen von John wissen wollten, warum er eigentlich nicht zu Mammi zurückkommt. Ich verstehe bis heute nicht, ob sie wirklich geglaubt haben, damit die aus ihrer Sicht rettenswerte erste Ehe zu kitten.«

Dabei geht es oft gar nicht darum, dass die Schwiegereltern Ihren Lieblingsmann tatsächlich lieber in den Armen der Ex als an Ihrer Seite sehen würden. Für Eltern ist die Trennung oder Scheidung ihres Sohnes oft eine narzisstische Kränkung: Vor allem an vielen Müttern nagt dann gelegentlich der Selbstvorwurf, dass sie irgendetwas in der Erziehung falsch gemacht haben müssen, wenn der Sohn sich als eheunfähig herausstellt. Sie haben es als abgelehnte Zweite mit der Person der Schwiegermutter in spe also oft gar nicht mit einer Kupplerin zu tun, sondern mit einer gekränkten Person. Das eröffnet Ihnen aber wiederum den Weg zu einem guten Einstieg. Lassen Sie die Selbstzweiflerin am besten demonstrativ wissen, was für einen wunderbaren und liebesfähigen Sohn sie zur Welt gebracht hat, der für die Umsetzung dieser Fähigkeit nur eben auch das richtige Gegenüber braucht – das er jetzt endlich gefunden hat.

SECOND-WIVES-TIPPS

- **Lassen Sie sich nicht von hilflosen Versuchen seiner Freunde oder Verwandten irritieren, Ihren neuen Partner wieder mit seiner Ex zusammenzubringen. Bleiben Sie gelassen. Sie haben es – hoffentlich – mit einem erwachsenen Mann zu tun, der schon weiß, warum er sich mit Ihnen zusammengetan hat.**
- **Sollte sich Ihr Partner allerdings in dieser entscheidenden Frage tatsächlich von den Vorgaben seiner Umwelt beeindrucken lassen, dann nichts wie weg und zurück an die Absenderin. Wie wollen Sie mit so einem Mann leben?**
- **Versuchen Sie Ihre Freizeit auch immer wieder mit neuen gemeinsamen Freunden zu verbringen.**

Wer ist hier die Schwiegertochter?

Keine Frage: In vielen Familien wird die neue Frau des geschiedenen oder getrennten Sohnes mit offenen Armen und mit Enthusiasmus aufgenommen. Eltern und Geschwister freuen sich mit ihm, dass er nach der Trennungserfahrung noch einmal den Start in ein neues Beziehungsleben wagt. Doch selbst wenn die neuen – oder künftigen – Schwiegereltern sich durchaus bemühen, die Zweite in den Kreis der Familie aufzunehmen, übersehen sie oft, dass das nur dann so richtig möglich ist, wenn sie auch ihren Kontakt zur Ex den neuen Verhältnissen anpassen. Bleibt der intensiv und eng wie eh und je, verwundert es wenig, wenn die Neue sich irritiert die Frage stellt, wer denn hier eigentlich die Schwiegertochter ist.

»Mein Schwiegervater ist nicht davon abzubringen, regelmäßig die Ex, die Kinder und meinen Mann zum Essen einzuladen. Ich darf dann auch noch dazu, wenn ich Zeit habe«, ärgert sich die 35-jährige Juristin Rosa über die mangelnde Sensibilität der Familie ihres Mannes Ludwig. »Das verletzt mich natürlich. Ich verstehe dieses Spiel auch nicht. Wenn er seine Enkel mit seinem Sohn sehen will, sollte er langsam zu Kenntnis nehmen, dass ich zu diesem Gespann gehöre. Wenn er seine Enkel mit ihrer Mutter sehen will, ist das auch in Ordnung, aber dann gibt es keinen Grund, dass auch Ludwig dabei ist. Aber wann immer ich das versuche zu artikulieren, bin ich gleich die Spielverderberin.«

Die vermeintliche oder tatsächliche Benachteiligung der Neuen gegenüber der Ex kann besonders dann zu nagenden Selbstzweifeln führen, wenn zweite Frauen das Gefühl nicht loswerden, im Gegensatz zu ihrer Vorgängerin dem Idealbild der Schwiegertochter einfach nicht entsprechen zu können. »Ich habe meine Schwiegermutter nie verstanden. Die Ex war sehr ruppig und unhöflich zu ihr, aber trotzdem war sie ihr immer lieber als ich«, beschreibt die 40-jährige Pharmareferentin Bella die Spannungen mit der Ursprungsfamilie ihres Mannes, die sich auch nach 17 Jahren Ehe nie ganz gelegt haben. »Offenbar hat sie einfach mehr dem Bild entsprochen, das sie von ihrer idealen Schwiegertochter hatte. Und eigentlich hat sie mir immer zu verstehen gegeben, dass es ihr um die frühere Beziehung Leid tut. Im Haus meiner Schwiegermutter waren auch jahrelang im Gästebadezimmer die

Utensilien der Ex, die sie nie weggeräumt hat. Ich habe das als schwere Provokation erlebt.«

Um den Ärger in Grenzen und den eigenen Seelenfrieden in Balance zu halten, hilft es in solchen Fällen häufig nur, den Kontakt zur Schwiegerfamilie zu reduzieren. Angst vor dem Gefühl, die andere habe damit gewonnen, ist hier nicht angebracht. Es geht nicht um den Sieg in einem Wettkampf, sondern um Ihr Wohlbefinden in der neuen Beziehung. Wenn Sie Ihrem Partner Ihre Probleme mit dem Verhalten seiner Familie verständlich machen, wird er durchaus bereit sein, seine Verwandtenbesuche gelegentlich auch ohne Sie zu absolvieren.

In anderen Fällen liegt die Ursache für das von vielen Zweiten als Zurücksetzung erlebte schwiegerelterliche Verhalten auch darin, dass die Eltern sich dafür mitverantwortlich fühlen, dass ihr Sohn seine Frau verlassen hat. Dann versuchen sie das vermeintliche Fehlverhalten ihres Sohnes durch ihre eigene Nähe zur Ex wieder gutzumachen. Aber auch die Exfrauen sind oft für den engen Kontakt verantwortlich, weil sie nach der Scheidung eine auffällige Anhänglichkeit an ihre ehemaligen Schwiegereltern zeigen, die sie während der Ehe häufig gar nicht empfanden. Das ist ein Zeichen dafür, dass ihnen die Trennung vom Partner schwer fällt und sie über den Umweg seiner Eltern weiter seine Nähe suchen.

»Ich habe wirklich ein massives Problem, gegen die Ex anzukommen«, erzählt die 42-jährige Münchner Reisebüromanagerin Nora, die seit vier Jahren mit ihrem Freund Heinz zusammen ist und, wie sie betont, nicht der Trennungsgrund war. »Meine Wut begann damit, dass mich die Mutter meines Freundes immer mit dem Vornamen der Ex ansprach. Zunächst war ich ja noch nachsichtig, aber nach vier Jahren kann sie sich meinen Namen noch immer nicht merken. Als ich sie drauf ansprach, sagte sie, dass die Ex und ihr Sohn schließlich zehn Jahre zusammen waren. So begründet sie auch die Geschenke, die sie der Ex immer mitbringt, und ihre ständigen Einladungen der Ex. Als ich meinen ganzen Mut zusammengenommen habe und ihr meine Situation erklären wollte, hat sie gesagt: ›Damit musst du dich abfinden, ich habe eben zwei Schwiegertöchter.‹«

Alles nur der Kinder wegen?

Dass es aber gar nicht zwei Schwiegertöchter gibt, sondern eigentlich nur eine – nämlich die Erste – ist ein Gefühl, das manche zweiten Frauen vor allem dann beschleicht, wenn es um Geschenke, Geld und sonstige Unterstützung geht. »Was mich ärgert ist diese völlig selbstverständliche Loyalität der Ex gegenüber«, macht Doris ihrem Ärger Luft. Seit drei Jahren lebt die 31-jährige Wienerin mit ihrem Mann Max zusammen, etwa die Hälfte der Woche auch mit seinen beiden Töchtern aus einer früheren Beziehung. »Sie wird – als arme allein erziehende Mutter – in jeder Hinsicht laufend unterstützt, finanziell und organisatorisch. Dabei blenden die Eltern von Max völlig aus, dass die Kids ja auch viel bei uns sind und dass er sich weit mehr als ein Wochenendvater um sie kümmert. Die Ex wird zum Beispiel immer ins Feriendomizil meiner Schwiegereltern eingeladen. Nicht dass es mir ein besonderes Anliegen wäre, dort Urlaub zu machen – aber dass sie immer mit von der Partie ist, ärgert mich schon.«

Viele Schwiegereltern führen für die aus Sicht der Zweiten oft übertriebene Unterstützung der Ex als Argument ins Feld, das alles sei schließlich nur zum Wohl ihrer Enkel. Eine nicht ganz unverständliche Haltung. Trotzdem ist es für viele zweite Frauen – vor allem, wenn sie keine eigenen Kinder haben – sehr verletzend, dass die Schwiegereltern die Rolle der Mutter ihrer Enkel mehr zu schätzen scheinen als die der Frau ihres Sohnes.

»Werners zweite Frau hat in seiner Familie eigentlich ihren Schwiegertochter-Status total behalten, obwohl es mich gibt«, erzählt die 36-jährige Linzerin Tina, die vor acht Jahren ihren Mann mit seinen beiden Töchtern aus zwei früheren Ehen kennen und lieben gelernt hat. »Sie hatte mir offenbar voraus, dass sie die Mutter des Enkelkindes ist. Für mich war es immer sehr unangenehm, wenn seine Eltern oder Geschwister in die Stadt kamen und Werners Ex besucht haben, nicht aber uns. Sie können Werners Tochter doch auch besuchen, wenn sie bei uns ist. Ich habe dann durchgesetzt, dass sich diese Besuche zu uns verlagern. Vielleicht war das ja gar nicht gegen mich gerichtet, sondern einfach aus dieser sehr traditionellen Haltung heraus motiviert, dass die Mutterrolle zu würdigen ist, aber gekränkt hat es mich trotzdem.«

SECOND-WIVES-TIPPS

- Vielleicht ist es Ihren Schwiegereltern gar nicht bewusst, welche Auswirkungen ihr Verhalten gegenüber der Ex auf die anderen Beteiligten – also Sie und Ihren Partner – haben kann. Sprechen Sie die Kränkungen an, möglichst ohne dabei vorwurfsvoll aufzutreten.
- Das Thema »Umgang mit der Ex« werden Sie ansprechen müssen – Ihre Schwiegereltern werden es wahrscheinlich nicht tun. Vielleicht sind sie Ihnen ja durchaus dankbar für eine Klarstellung, was Sie als akzeptabel finden und was Sie als Zumutung erleben. Erwarten Sie nicht, dass Ihre Schwiegereltern Ihre Gefühle erraten können.
- Erklären Sie Ihrem Mann, was Sie am Verhalten seiner Familie stört, bevor Sie auf Konfrontationskurs gehen. So vermeiden Sie, ihn in einen Loyalitätskonflikt zu drängen.
- Nehmen Sie zur Kenntnis, dass die Ex eben die Mutter der Enkel ist. Das können Sie nicht ändern. Was Sie aber ändern können, ist, dass der Kontakt zu den Enkeln in erster Linie über die Ex läuft. Sie – oder besser noch Ihr Partner – sollten seinen Eltern klar machen, dass die lieben Kleinen schließlich auch dann zu besichtigen und zu besuchen sind, wenn sie sich gerade bei Ihnen beiden aufhalten. Das hat auch zeitökonomische Vorteile: So lässt sich Familiäres auf die Kinderbesuchszeiten konzentrieren.
- Sie haben sich entschlossen, mit Ihrem Partner und nicht mit seinen Eltern zusammenzuleben. Von den Schwiegereltern gemocht zu werden ist zwar sicher kein Nachteil, aber auch keine wirkliche Voraussetzung für eine glückliche Beziehung.

Vorurteile und Barrieren

»Als ich meiner späteren Schwiegermutter zum ersten Mal vorgestellt wurde«, erinnert sich die 28-jährige Sandra aus Berlin, »drehte sie sich einfach um und nahm mich überhaupt nicht zur Kenntnis. Ich habe zwar verstanden, dass sie Stefans Scheidung moralisch ablehnte. Aber Motiv hin oder her, es war sehr verletzend.«
So wie Sandra kennen bestimmt auch Sie als Zweite diese Stimmung:

Sie kommen mit Ihrem Partner bei seinen Eltern, Geschwistern oder bei Bekannten an, und es liegt so etwas von »Diese Person …« in der Luft. Und wahlweise lässt sich der Satz dann komplettieren mit »… hat der armen Frau ihren Mann weggeschnappt!«, »… hat den Kindern ihren Vater weggenommen!«, »… hat eine Familie zerstört!«. Da bemüht frau sich um Höflichkeit und Freundlichkeit in alle Richtungen – und dann das.

»Meine Schwiegereltern sind alles andere als bereichernd. Sie haben mich eigentlich bis heute nicht als die neue Partnerin akzeptiert«, beklagt auch die 42-jährige Wiener Sozialarbeiterin Andrea die moralischen Barrieren, an die sie seit ihrer Einführung in die Familie ihres Mannes stößt. »Das ist eine sehr traditionelle, konventionelle Familie. Deshalb war für sie auch immer jedes weibliche Wesen an der Seite ihres Sohnes – einmal abgesehen von seiner ersten Frau – ein verantwortungsloses Luder, das Mitschuld trägt an der Zerstörung einer Familie, und zwar egal, wie lange die Trennung schon zurückliegt. Die hatten immer die Sehnsucht nach der Kernfamilie mit Kind.«

Wer auf solche Vorurteile nicht nur bei der ersten Begegnung stößt, sondern sich auf eine längere Eiszeit einstellen muss, sollte auch nicht allzu viel Energie darauf verwenden, das Eis zum Schmelzen zu bringen. Denn gegen derartig verfestigte Vorurteile haben Sie wenig Chancen, auch wenn Sie sich noch so reizend geben. Gehen Sie davon aus: Solche Vorurteile haben mit Ihnen nichts zu tun, sie sagen nur über denjenigen etwas aus, der sie pflegt. Sehen Sie doch auch die Vorteile. Wenn Sie schon die Unperson sind, dann müssen Sie sich wenigstens nicht krampfhaft bemühen, Leuten auch noch zu gefallen, die Sie nicht interessieren.

Tun Sie, was leicht fällt. Aber so perfekt zu sein, dass Sie das gesamte Weltbild seiner Familie oder seiner Bekannten auf den Kopf stellen, können und müssen Sie nicht. Erwarten Sie auch nicht von Ihrem Partner, dass er Sie in solchen Situationen auf Schritt und Tritt in Schutz nimmt. Vielleicht hat er den Eishauch nicht so gespürt – schließlich ist nicht er der Betroffene. Wenn Sie wollen, dass er sich in solchen Situationen klar äußert und auf Ihre Seite stellt, sollten Sie ihm das auch sagen und ihm erklären, was Sie daran so trifft. Und ihm nicht Vorwürfe machen, dass er etwas nicht getan hat, von dem er vielleicht nicht wusste, dass es für Sie in der Situation wichtig gewesen wäre.

Eine fremde Welt

Nicht immer muss die Ablehnung der Zweiten durch das soziale und familiäre Umfeld ihres Partners gleich so radikal sein, wie es Sandra und Andrea erlebt haben. Oft steht hinter dem als Ablehnung erlebten Verhalten einfach auch Skepsis und vor allem Unsicherheit, weil die Neue ein völlig anderes Frauenbild verkörpert als die Ex. »Die Begegnungen mit Werners Familie waren und sind ein ziemliches Minenfeld«, beschreibt Tina ihre Schwierigkeiten mit Schwiegereltern und Co. »Das ist eine sehr traditionelle Großfamilie mit einer sehr traditionellen Vorstellung der Geschlechterrollen. Mir gegenüber als Frau ohne eigenes Kind und mit großer – auch beruflicher – Selbstständigkeit waren sie daher völlig ohne Verständnis. Meine Konsequenz war, dass ich die Kontakte mit der Familie sehr dosiere, dass wir zum Beispiel im Urlaub nicht mehr bei ihnen wohnen. Und das tut mir gut.«

Auch wenn die Dinge sich im Lauf der Zeit einspielen: Vor allem zu Beginn der jungen Liebe haben Freunde und Verwandte oft einige Probleme damit, die neue Partnerin zu akzeptieren. Natürlich gönnen sie ihrem Sohn, Bruder oder Freund durchaus eine neue Frau, mit der er sich gut versteht und mit der er glücklich werden könnte. Aber er hätte sich doch wirklich – so schwingt das oft mit – eine aussuchen können, die man spontan mag.

Wobei diese mangelnde Zuneigung oft wenig mit der Persönlichkeit der Zweiten zu tun hat, sondern eher etwas mit einer handfesten Portion Eifersucht. Denn wenn sie in der ersten begeisterten Verliebtheit vielleicht auch noch vernachlässigt werden, werden Freunde, Familie und Co. schnell sauer. Gerade nach einer Scheidungserfahrung verändern sich Männer manchmal mit der neuen Partnerschaft. Sie setzen andere Prioritäten, kümmern sich mehr um die Beziehung, entdecken neue Interessen. Das macht Freunde skeptisch, sie fühlen sich ausgeschlossen und haben Angst, in dieser Neuorientierung keine Rolle mehr zu spielen. Schließlich haben sie sich vielleicht vor nicht allzu langer Zeit liebevoll und nächtelang seine Geschichten rund um die Trennung angehört und geduldig seinen Weltschmerz getröstet. Kein Wunder, dass sie einen gewissen Groll hegen, wenn sie vermeintlich nicht mehr gebraucht werden. Und aus alter Verbundenheit richtet sich dieser natürlich nicht gegen den Sohn oder alten Freund, sondern gegen dessen neue Frau. Oft befürchten alte Freunde auch, die neue Partnerin könnte ihnen ihren Freund abspenstig machen. Gelegentlich kommt das ja auch tatsächlich vor.

Unverhoffte Schützenhilfe

Zur Beruhigung – oder zur Bestätigung, wenn Sie zur glücklichen Spezies der sofort liebevoll in den Kreis seiner Familie aufgenommenen Nachfolgerinnen gehören: Vorurteile und Barrieren, Ablehnung und Skepsis gegenüber zweiten Frauen sind natürlich kein ehernes Naturgesetz. Im Gegenteil, manche zweite Frauen erfreuen sich nicht nur spontaner Akzeptanz, sondern auch ganz unerwarteter Schützenhilfe ihrer neuen Schwiegerfamilie, wie es auch die 38-jährige Rotraud mit der Mutter ihres Mannes Willi erlebte: »Mit meiner Schwiegermutter verstehe ich mich sehr gut. Da hat sich die Ex einiges verbaut, weil sie ihr gegenüber immer so abfällig und von oben herab war. Ich hatte mir mehr Ablehnung erwartet – schließlich ist Willis Mutter auch eine Ex, sein Vater hat nach 30 Jahren Ehe mit ihr nochmals geheiratet. Da dachte ich, es könnte eine gewisse Solidarisierung mit der Ersten geben. Es war aber gar nicht so. Irgendwann, als es ernst wurde mit uns, hat sie auch Willi beiseite genommen und ihm ins Gewissen geredet, dass er es diesmal besser machen soll.«

SECOND-WIVES-TIPPS

- **Versuchen Sie zu verstehen, was sich hinter der Ablehnung verbergen könnte, die Ihnen von der Familie oder den Freunden Ihres Partners entgegenschlägt. Vielleicht sind sie einfach ein wenig eifersüchtig, weil Sie jetzt naturgemäß für ihn in den Mittelpunkt des Interesses gerückt sind. Dann lässt sich das Eis leicht brechen. Raten Sie ihm, immer wieder auch einmal ohne Sie mit seinen Freunden oder Verwandten etwas zu unternehmen, um ihnen das Gefühl der Vernachlässigung zu nehmen.**
- **Halten Sie sich vor Augen, dass die Familie oder die Freunde Ihres Mannes nach den Trennungswirren vielleicht einfach noch**

nicht so weit sind, seine neue Beziehung akzeptieren zu können. Nehmen Sie die Zurückweisungen nach Möglichkeit nicht persönlich und lassen Sie sich nicht kränken, auch wenn das in vielen Situationen nicht leicht ist. Ignorieren Sie das schlechte Benehmen einfach und stellen Sie sich über die Dinge. Es wird mit der Zeit besser werden, vor allem dann, wenn Sie sich in das Spiel nicht einbeziehen lassen.

- **Sollten Sie feststellen, dass die Ablehnung so tief sitzt, dass Sie sich auf einen dauerhaften Widerstand einstellen müssen, dann sparen Sie sich Ihre Energie und laufen Sie nicht gegen Windmühlen an. Hauptsache Ihr Partner liebt Sie: Niemand muss von allen gemocht werden.**

Ein Riss geht durch die Gruppe

Loyalitätskonflikte im ehemals gemeinsamen Freundeskreis eines getrennten Paares lassen sich kaum vermeiden. Oft geht nach Trennungen ein großer Riss durch die Gruppe und es findet das Aufteilen der freundschaftlichen Gunst statt. Alte Freunde sehen sich – völlig unnötigerweise – dazu veranlasst, für einen der beiden getrennten Partner Partei zu ergreifen. Wenn es dann auch noch heftige Konflikte und Auseinandersetzungen gibt, in denen die Freunde als Zeugen für die jeweils eigene Position herangezogen werden, gelingt es vielen nicht, neutral zu bleiben. Jeder hat eine Meinung. Ein großer Fehler übrigens, denn von außen lässt es sich kaum beurteilen, wer welchen Anteil an der Scheidung hatte. Solidarisiert sich ein Teil des alten Freundeskreises in solchen Fällen mit der Ex, dann darf natürlich auch die Neue nicht nett gefunden werden. Sie können also beruhigt sein: Meistens hat die Ablehnung mit Ihnen persönlich überhaupt nichts zu tun.
Oft sind es auch gar nicht solidarische Gefühle gegenüber der Ex, die den Freundeskreis beunruhigen, wenn an der Seite eines Mitglieds der eingespielten Runde nach der Trennung eine neue Frau auftaucht. Die Frage, mit wie viel Sympathie denn eine solche Zweite aufzunehmen ist, kann sogar Paare aus der Clique spalten. Dabei geht es allerdings selten tatsächlich um den Gruppenzuwachs, sondern um deren eigene Beziehungsprobleme. Da mag die

eine oder andere besorgt sein, auch ihr Mann könnte sich »mit so einer« verabschieden und sind deshalb einmal präventiv unfreundlich zur vermeintlichen Ehebrecherin. Oder aber manche Männer bewundern insgeheim den Freund dafür, dass er unter seine unbefriedigende Beziehung den Schlussstrich gezogen hat, den sie selbst nicht zu ziehen wagen. Und nehmen deshalb die vermeintliche Erlöserin besonders freundlich auf.

Belasten Sie sich bloß nicht damit, dass sich der Bekanntenkreis, den Ihr Partner einmal hatte, mit Ihrem Auftauchen verändert und manche sich zurückziehen. Verantwortlich dafür sind nicht Sie, sondern der verunsicherte Umgang vieler Menschen mit dem Phänomen Trennung und Neubeginn. Freunde fürs Leben sind eben selten: Es ist auch völlig in Ordnung, dass der neue Lebensabschnitt für Sie und Ihren Partner einen modifizierten Bekanntenkreis mit sich bringt.

SECOND-WIVES-TIPPS

- **Erste Treffen mit Familie und Freunden Ihres neuen Partners sollten Sie erst dann arrangieren, wenn Sie sich wirklich sicher fühlen.**
- **Auch hier gilt: Nicht alle Freunde und Bekannten Ihres Partners müssen Sie mögen und umgekehrt. Sie bringen sicher auch selbst einige Freunde in die Beziehung mit – und Sie werden auch gemeinsam mit ihm noch neue Freunde kennen lernen.**
- **Lassen Sie sich auf keine Debatten mit den Freunden Ihres Partners über seine Trennung und die Schuld daran ein. Machen Sie klar, dass das zwischen Ihrem Mann und seiner Ex bewältigt werden muss und dass Sie sich da weder einmischen noch Partei ergreifen – und dass Sie das auch bei anderen für eine gute Idee hielten ...**
- **Lassen Sie sich nicht instrumentalisieren: Wenn Paare im Umfeld Ihres Mannes Beziehungsprobleme haben, die sich aus Anlass Ihres Auftauchens entladen, hat das mit Ihnen nichts zu tun. Sprechen Sie das ruhig auch an, wenn es zu dicht wird.**

TRAUER UND NEUBEGINN: VOM LEBEN MIT WITWERN UND WAISEN

Eine idealisierte Ikone

Der amerikanische Präsident ist Witwer und versorgt seine heranwachsende Tochter allein, denn eine Partnerin, die seinen Vorstellungen rundherum entspricht, hat er seit dem Tod seiner geliebten Frau nicht mehr gefunden. Und plötzlich verliebt er sich in die ebenso hübsche wie engagierte Lobbyistin Sidney. So jedenfalls wollten es die Drehbuchautoren des Hollywood-Streifens »Hello Mr President«, der die keimende Liebe zwischen einem verwitweten Mann und einer lebenslustigen, tüchtigen, jungen Frau just im Machtzentrum der Welt spielen lässt.

Nach dem ersten intimen Dinner in Weißen Haus, bei dem die Neue auch der Tochter des Präsidenten vorgestellt wird, zeigt sich die Geliebte beflissen. »Sie ist absolut bezaubernd«, sagt sie über die Tochter. Der Präsident darauf: »Ja, stimmt. Sie ist genau wie ihre Mutter.« Die Zuseherin ahnt, dass angesichts derartiger Vorgaben die tapfer lächelnde Sidney ganz schön zu schlucken hat.

Sicher: Terrorisierende Anrufe, maßlose Unterhaltsforderungen der Ex oder permanente Streitigkeiten mit ihr über die Kinder – mit derartigen Kalamitäten müssen zweite Frauen nicht rechnen, die sich in einen Witwer verlieben. Doch einfacher haben es Frauen, die gegen den übermächtigen Schatten einer verstorbenen Ex antreten müssen, bei weitem nicht. So schwierig und anstrengend eine lebende Verflossene sein mag, zumindest kann frau sich mit ihr auseinander setzen und im realen Leben messen. Doch Tote bieten keine Angriffsfläche. Sie sind in der idealisierenden Wahrnehmung ihrer hinterbliebenen Liebsten einfach wundervoll und für die Nachfolgerin eine Vorgabe, die kaum zu erreichen ist. Verstorbene Partnerinnen sind häufig Ikonen, an die eine Zweite kaum heranreichen kann. Alles andere als eine günstige Startposition also. »Das Schwierige ist, dass eine Verstorbene von allen einen Heiligenschein verliehen bekommt«, weiß auch die 40-jährige Elisabeth aus Erfahrung. Sie ist seit fünf Jahren mit Peter verheiratet, dessen erste Frau ein Jahr zuvor bei einem Unfall gestorben war, und lebt mit ihm und seinem 15-jährigen Sohn Tommy in der Nähe von Salzburg. »Alles, was sie gemacht hat, war in der Erinnerung gut, alles Negative wird einfach vergessen. Peter und seine verstorbene Frau Maria haben sich extrem gut verstanden, ich bin also in eine intakte Familie hineingekommen und wusste, dass er noch vor kurzem sehr glücklich mit einer anderen Frau war. Maria ist mir oft am Anfang im Traum erschienen und hat mich gefragt, was ich mit ihrem Mann mache. Oft habe ich auch geträumt, dass sie wieder zurückkommt. Ich hatte furchtbare Angst vor diesen Albträumen.«

Die Idealisierung eines geliebten Verstorbenen und die noch immer intensive Beziehung zu ihm ist ein sehr häufig zu beobachtender Mechanismus, um Trauer und Verlust zu bewältigen. Oft hilft es, sich an eigene Verlusterfahrungen und an den Umgang damit zu erinnern, um Ängste und Albträume wieder zu vertreiben. Selten jedoch erweist es sich als kluger Schachzug, Ihren Partner ständig auf die Realität hinzuweisen, dass doch unmöglich alles so toll und makellos gewesen sein kann. Sie riskieren damit, das Gegenteil zu erreichen.

Während zweite Frauen, die ihrem Ärger über die geschiedene oder getrennte Vorgängerin Luft machen, bei ihrem neuem Partner durchaus mit Verständnis und Wohlwollen rechnen können, müssen die neuen Frauen verwitweter Männer in dieser Hinsicht Zurückhaltung üben. Kritik an der oft glorifizierten Vorgängerin gilt als pietätlos und verwerflich. Denn es ist für ehemals verheiratete Männer um vieles einfacher, sich an die Fehler und Schattenseiten einer Ex zu erinnern, die noch lebt, als an die einer Toten.

Oft kann es verunsicherten zweiten Frauen in solchen Situationen helfen, sich von Verwandten oder Freunden etwas mehr über die Verstorbene erzählen zu lassen. »Meine Schwägerin hat mir wirklich dabei geholfen, ein realistischeres Bild von meiner toten Vorgängerin zu bekommen«, erinnert sich die 42-jährige Silvia. Die erste Frau ihres

Mannes war zwei Jahre vor ihrer Heirat an Krebs gestorben. »Sie hat nicht schlecht über sie gesprochen. Aber es hat mir auch gut getan, von ihr zu hören, dass Norberts erste Frau durchaus auch Fehler hatte, von denen aber sonst nicht mehr die Rede war.«
Um eine Erfahrung wie Silvia machen zu können, werden Sie das Thema, wie die erste Frau denn wirklich war, von sich aus ansprechen müssen. Denn viele Menschen im Umfeld Ihres Partners vermuten vielleicht, dass dies ein heikles und sensibles Kapitel ist, und bemühen sich höflich darum, in Ihrer Gegenwart nicht allzu viel über die Verstorbene zu sprechen.

Der Vergleich macht unsicher

Sosehr eine gewisse Neugierde auf die Vorgängerin entlastend sein kann, weil sie die vermeintlich Unfehlbare in ein realistischeres Licht rücken kann, so sehr sollten zweite Frauen in solchen Situationen aber auch vorsichtig sein. Belasten Sie sich nicht durch eine zu intensive Beschäftigung mit der Verstorbenen und mit der Beziehung Ihres Partners zu ihr. Allzu viel über die Vergangenheit zu wissen lädt auch immer wieder dazu ein, sich mit ihr zu vergleichen und die Vergangenheit, die sie mit Ihrem neuen Partner hatte, zu einer unerreichbaren Vorgabe hochzustilisieren. Fragen Sie nur so viel nach und finden Sie nur so viel heraus, wie notwendig ist, um sich selbst ein realistisches Bild machen zu können und um Ihren Partner in seiner Trauer zu unterstützen. Aber nicht mehr: Sie sind in dieser Familie das Symbol für die Zukunft, nicht für die Vergangenheit. Blicken Sie nach vorne, nicht zurück. Im Heute und Morgen liegen Ihre Interessen und nicht im ständigen Vergleich der neuen Wirklichkeit mit einer vergangenen.
Vorsicht ist allerdings angebracht, wenn nach längerer Zeit noch immer alles über die Verstorbene definiert wird: Wenn Ihr Partner auch nach längerer Zeit mit Ihnen immer noch in jedem Konzert von den Stücken schwärmt, die seiner toten Ex sicher am besten gefallen hätten, und die Qualität von Urlaubsorten danach bemisst, wie wohl sie sich hier gefühlt hatte, sollten Ihre Alarmglocken läuten. Offenbar hat er seine Trauerarbeit noch nicht abgeschlossen und ist noch nicht bereit für eine neue Beziehung. Wollen Sie tatsächlich auf Dauer mit diesem unüberwindbaren Schatten leben?

SECOND-WIVES-TIPPS

- **Verstorbene Partnerinnen werden oft auf ein Podest gestellt und in der Erinnerung idealisiert. Das ist eine völlig normale Reaktion auf Trauer und Verlust. Wenn es für Sie nicht zur massiven Belastung wird, sollten Sie diese einseitige Sicht der Dinge allen Beteiligten großzügig nachsehen.**
- **Auch wenn die Trauerarbeit zum größten Teil bewältigt ist, kann es gerade zu emotionsbetonten Anlässen wie Weihnachten oder an Geburtstagen zu Trauerepisoden kommen. Sie sollten darauf vorbereitet sein und diesen Situationen mit Verständnis begegnen.**
- **Wenn Sie die Verstorbene nicht gekannt haben, fragen Sie ruhig bei Freunden und Verwandten nach. Wenn sich ihr Bild ein wenig abrundet, werden Sie sehen, dass auch die scheinbar Unfehlbare nicht immer alles richtig gemacht hat. Das kann Ihnen einiges an Ängsten nehmen.**
- **Quälen Sie sich nicht mit Vergleichen. Sie sind nicht als Wiederholungsprogramm ins Leben Ihres Partners getreten, sondern als Zeichen für den Neubeginn. Es gibt also keinen Grund, so zu sein und so zu handeln wie die Ex.**
- **Wenn jedoch auch nach längerer Zeit alles immer nur über die Verstorbene definiert wird und Sie ständig mit ihr verglichen werden, sollten Sie sich doch mit der Frage konfrontieren, ob Sie tatsächlich auf Dauer mit diesem unüberwindbaren Schatten der Vergangenheit leben wollen.**

Endgültig vorbei: der Tod als Trennungsgrund

»Der Tod ist ein extrem schlimmer Trennungsgrund. Es dauert sehr lange, bis die Wunden verheilen«, weiß Elisabeth aus Erfahrung. »Man muss allen Beteiligten Zeit lassen, das in Ruhe zu verarbeiten.«

Dass ein Mann, der eine geliebte Frau verloren hat, mit seinen Kindern noch lange um die Verstorbene trauert, ist verständlich, aber für die Nachfolgerin nicht einfach. Geschiedene Männer trauern ihrer Ex selten nach. Selbst wenn nicht sie es waren, die

gegangen sind, sondern sie von der ersten Frau verlassen wurden, ist der Trennungsschmerz irgendwann vorbei. Das gibt den Zweiten auch die Sicherheit, die wichtigste Frau in seinem Leben zu sein.
Bei Witwern ist das anders. Das meist tragische Ende der Beziehung – oft durch eine schwere Krankheit oder einen Unfall – war weder geplant noch gewollt. Der Tod verhindert, dass der zurückgebliebene Partner wirklich Abschied nehmen und die Beziehung bewusst beenden kann. Ihre neuen Frauen müssen dann oft mit dem Gefühl fertig werden, dass ihr Partner eigentlich noch lieber mit der Vorgängerin zusammen wäre und vielleicht noch gar nicht bereit ist für eine neue Partnerschaft.
Nach der Trauerzeit, in der man langsam lernt, sich vom geliebten Menschen zu verabschieden, beginnt die Phase der Neuorientierung, in der dann oft neue Beziehungen eingegangen werden. Aber auch in dieser Phase und selbst noch viel später kann es immer wieder zu Einbrüchen von Trauer kommen. Die unverkennbaren Zeichen der Trauer können Zweite besorgt darüber machen, dass Ihr Partner sie nur als willkommene Ablenkung in ihr Leben gelassen hat und dass seine Bereitschaft, zur neuen Beziehung auch zu stehen, genauso unverlässlich ist wie sein Glaube, dass er die Trauer schon überwunden hat.
Solche Besorgnis erregenden Gedanken sind verständlich. Krisensymptome für die neue Beziehung sind sie aber noch lange nicht. Vor allem dann, wenn Sie dafür gewappnet sind, richtig mit ihnen umzugehen, ohne gleich die Therapeutinnenrolle zu übernehmen. Das verlangt niemand von Ihnen – Sie sollten es also selbst auch nicht von sich fordern.
Sie können als Zweite Ihrem Partner und seinen Kindern die Trauerarbeit sicher nicht abnehmen. Aber Sie können Ihnen Ruhe und Zeit dafür geben. Und mit dem Angebot, über ihren Verlust und ihre Verzweiflung zu sprechen, können Sie ihnen große Entlastung verschaffen und Hilfe anbieten. Das Angebot, sich mit Ihnen zu beraten und bei Ihnen Wärme und Zuneigung zu finden, wird sicher auf offene Ohren stoßen. »Männer, denen das passiert ist, sind oft von ihrer Trauer überwältigt. Aber gleichzeitig stehen sie mit ihren Kindern vor riesigen Anstrengungen. Plötzlich sind sie für alles allein verantwortlich. Da kann man ihnen als neue Frau schon sehr als Ruhepol zur Verfügung stehen«, beschreibt Elisabeth die Rolle vieler zweiter Frauen, die sich mit einem Witwer zusammengetan haben.

Allerdings können Sie die Anforderung, immer stark sein zu müssen und die oft nicht erklärbaren Emotionen, in die sich Trauer entladen kann, auch leicht überfordern. Scheuen Sie sich nicht, in solchen Fällen professionelle Hilfe bei Beratungsstellen oder in einer Psychotherapie zu holen. Das kann Sie entlasten und Ihnen dabei helfen, Ihren Partner und seine Kinder besser durch die Trauerarbeit zu begleiten.

Irgendwann lässt der Schmerz nach und die Trauer tritt in den Hintergrund. Ist die schwierige Zeit vorbei und das Paar oder die Stieffamilie bereit, ohne die Lasten der bedrückenden Vergangenheit neu zu beginnen, dann ist es für zweite Frauen von Witwern oft um einiges leichter als für Partnerinnen geschiedener Secondhand-Männer, ihr Leben zu gestalten. »Am Anfang war es wirklich schlimm, aber jetzt wird es immer besser, irgendwann ist es vorbei«, beobachtet auch Silvia. »Das ist wahrscheinlich der große Vorteil unserer Konstellation gegenüber einer Scheidungsgeschichte. Bei Trennungen mit Kind spielt die Ex doch immer und ewig irgendwie mit, über die Alimente oder über das Sorgerecht oder sonstige Streitigkeiten. Diese Probleme haben wir wenigstens nicht.«

SECOND-WIVES-TIPPS

- **Überfordern Sie sich nicht. Wenn es Ihnen zu viel wird, als einziger nicht Betroffener alle anderen Beteiligten in ihrer Trauer zu unterstützen, holen Sie sich selbst professionelle Hilfe. Ein Coach oder Therapeut kann Sie dabei unterstützen, die schwierige Rolle der Unterstützerin im Trauerprozess besser auszufüllen – und dabei auch ausreichend auf sich selbst zu achten.**
- **Halten Sie durch. Die Zeit ist auf Ihrer Seite. Irgendwann ist es ausgestanden. Und dann leben Sie um vieles angenehmer als viele zweite Frauen mit einem geschiedenen Partner: Wenigstens wird Ihnen nie die Erste Unterhaltsklagen und Besuchsverbote ins Haus schicken lassen.**

Alle sind dagegen: die große Verständnislosigkeit

Eine Erfahrung bleibt den wenigsten Frauen erspart, die sich in einen Witwer verlieben: Dass die Familie der Verstorbenen, die Familie des Witwers und viele seiner Freunde seiner Entscheidung für eine neue Frau mehr als skeptisch gegenüberstehen. Ihre Loyalität gilt ganz der Toten, es kommt gar nicht so selten vor, dass das neue Paar geradezu in ein Kesseltreiben gerät.

»Unser gesamtes Umfeld war dagegen: Alle Freunde und Bekannten haben mir vorgeworfen, dass ich nach nur einem Jahr diesen Mann geheiratet habe«, erinnert sich Elisabeth an die damaligen Reaktionen. »Rundherum sind alle Freundschaften in Brüche gegangen. Vor allem mit Marias Freundinnen war es extrem, da war vielleicht auch eine Portion Neid dabei, dass ich beim begehrten Witwer gelandet bin. Dass wir in einer ländlichen Umgebung leben, hat es nicht einfacher gemacht. Alle haben getuschelt, da muss doch schon vorher was gelaufen sein. Die gängige Meinung war auch, dass sie ihm wohl nicht so wichtig gewesen sein kann, wenn er so früh wieder heiratet. Die Leute haben allen Ernstes erwartet, dass er ewig trauert und alleine bleibt.«

Den Störmanövern aus dem Familien- und Freundeskreis gingen Elisabeth und ihr Mann so gut es ging aus dem Weg. Mit der Konsequenz, dass sie sich inzwischen einen vollständig neuen Bekanntenkreis aufgebaut haben.

Das ist – neben der Hoffnung, dass die Feindseligkeit und die Vorwürfe sich mit der Zeit legen – wahrscheinlich auch der einzig sinnvolle Weg, der offenen Ablehnung eines Umfelds zu begegnen, das von einem verwitweten Mann ewige Trauer und dauerhaftes Alleinsein erwartet.

SECOND-WIVES-TIPPS

- **Gehen Sie ehemaligen Freunden oder Familienmitgliedern, die in vermeintlicher moralischer Überlegenheit keinerlei Verständnis für Ihre neue Liebe aufbringen können, am besten aus dem Weg. Sie werden auf neue Menschen treffen, mit denen Sie unbefangen umgehen können.**

Trauer und Wut: die Reaktion der Kinder

Wenn Freunde und Bekannte enttäuschend auf Ihre neue Liebe zu einem Witwer reagieren, ist es noch vergleichsweise einfach, einen Umgang damit zu finden, der Ihnen gut tut. Sie können sich, auch wenn das eine schmerzvolle Konsequenz sein mag, schließlich einen neuen Bekanntenkreis suchen. Schwierig wird es allerdings dann, wenn auch seine Kinder der neuen Frau in seinem Leben skeptisch und ablehnend begegnen.

»Tommy war zuerst sehr lieb. Als wir geheiratet haben, wurde er aber sehr ablehnend und gemein zu mir«, erzählt Elisabeth. »Da hat Peter ihm allerdings klar signalisiert, dass er sich nicht in seine Bedürfnisse einmischen darf. Der Bub hatte wahnsinnige Angst um seine Position und hat die totale Mauer gemacht.« Dass an diesem Verhalten auch Tommys Großeltern ihren Anteil gehabt haben könnten, ist ein Verdacht, den Elisabeth nie ganz losgeworden ist. Sie hatten schließlich gehofft, dass Peter für immer allein bleiben und das Andenken an seine erste Frau bewahren würde. Und sie stärkten ihrem Enkel in jeder Auseinandersetzung mit seiner Stiefmutter den Rücken und nahmen ihn in Schutz.

Dass Verwandte sich mit den Kindern gegen die Neue verbünden, ist in solchen Fällen nicht selten. Denn der Tod ihrer Mutter verleiht in vielen Fällen auch den Kindern eine gewisse Unantastbarkeit. Wegen des Verlustes, den sie erleiden mussten, tun sie vielen Menschen Leid und ihr Verhalten oder Benehmen wird viel weniger kritisiert als sonst.

Dazu kommt, dass Kinder auf den Verlust eines Elternteils oft mit Wut und Aggression reagieren und weniger mit der bei Erwachsenen üblichen Form der Trauer. Sie können ihre Angst und Ohnmacht kaum in Worte fassen und versuchen ihre Verstörung über »wilde« Verhaltensweisen auszudrücken. Zugleich empfinden Kinder nach dem Tod ihrer Mutter den Verlust und auch die Loyalitätskonflikte schlimmer und belastender als bei einer Scheidung. Sie sind besorgt, dass ihre Mutter durch die neue Verbindung ihres Vaters abgewertet wird, sie fürchten, dass er sie vielleicht gar nicht geliebt hat. Das verstärkt dann oft ihre Loyalität zu ihrer Mutter, sie wollen ihr Andenken bewahren, was der Vater in ihrem Erleben nicht ausreichend tut. Der Einstieg für die zweite Frau ist damit kein einfacher.

Versuchen Sie nicht, mit der nur noch in der Erinnerung existierenden Mutter in irgendeine Form von Konkurrenz zu treten: Dabei können Sie nicht gewinnen, weil der Vergleich zwischen einer idealisierenden Erinnerung und der gelebten Realität stets zu Ungunsten Letzterer ausgeht. Denken Sie immer daran, dass die Trauer der Kinder nicht einer Ablehnung Ihrer Person entspringt.
Ihre Rolle und die Rolle der Verstorbenen im Leben der Kinder sind völlig unterschiedliche – und das sollte auch deutlich werden. Ihr Partner kann Ihnen dabei den Einstieg erheblich erleichtern. Er sollte seinen Kindern vermitteln, dass sich an seiner Liebe und Zuneigung zu ihnen überhaupt nichts ändert, auch wenn jetzt Sie an seiner Seite sind.
Selbst in solchen heiklen Konstellationen heilt die Zeit die Wunden und die Verhältnisse normalisieren sich.
»Heute ist das besser geworden«, zieht Elisabeth nach fünf Jahren Ehe mit einem Witwer und seinem Sohn Bilanz. »Peters Sohn Tommy hat mich inzwischen akzeptiert, ich bin für ihn heute – vielleicht auch weil ich wesentlich jünger bin, als es seine Mutter war – eher eine Freundin als ein Muttersatz. Ich habe mich auch erzieherisch nie eingemischt, bestenfalls einmal Peter Vorschläge gemacht, so bin ich sicher auch besser gefahren.«

Willst du meine Mami sein?

Nicht immer reagieren Halbwaisen ablehnend, wenn ihr Vater sich mit einer neuen Frau zusammentut. Manchmal sind sie durchaus froh und erleichtert, wenn es in der Familie wieder eine Frau gibt, deren Nähe sie suchen können. »Meine Stieftochter hat mich ziemlich bald gefragt, ob sie mich Mutti nennen kann«, erzählt die 32-jährige Wiener Verkäuferin Karina, die vor zwei Jahren einen Witwer mit einer fünfjährigen Tochter geheiratet hat. Damit hatte sie nicht gerechnet, sie hatte sich auf die Rolle des abgelehnten Eindringlings eingestellt. Doch die Kleine verarbeitete den Verlust völlig anders. »Sie hat den Tod ihrer Mutter dadurch zu überwinden versucht, dass sie sich rasch einen Ersatz für die ihr fehlende Wärme und Nähe gesucht hat.«
Ob sie nun zunächst abgelehnt oder sofort begeistert aufgenommen wird: Die Stiefmutter von Kindern, deren Mutter ge-

storben ist, muss meist um einiges mehr an Sensibilität entwickeln als zweite Frauen, die sich mit einem geschiedenen Partner zusammentun. Unter anderem wenn es darum geht, den Kindern ihre Erinnerungen zu lassen. Wenn die biologische Mutter noch lebt, dann können Sie durchaus erwarten – und werden es oft auch erleben – dass die Kinder ihre Zuneigung und ihre Anhänglichkeit an ihre Mutter vorzugsweise dann ganz besonders deutlich zeigen, wenn sie bei ihr sind – also nicht unbedingt in Ihrer Gegenwart. Ist die Mutter aber tot und leben die Kinder mit Ihnen, werden Sie lernen müssen damit umzugehen, dass sie häufig auch Ihnen gegenüber von ihr sprechen und ihr Andenken hochhalten. Das ist nicht immer einfach zu ertragen. Aber es ist das gute Recht Ihrer Stiefkinder und eine Möglichkeit, mit ihrer Trauer umzugehen, die Sie ihnen unbedingt zugestehen sollten.

SECOND-WIVES-TIPPS

- **Machen Sie Ihren Partner zu Ihrem Verbündeten, wenn es gilt, die anfängliche Ablehnung durch seine Kinder zu überwinden. Er sollte ihnen die Sicherheit geben, dass sie ihm trotz der Verbindung mit Ihnen wichtig sind und bleiben und dass Sie ihnen nichts von seiner Zuneigung wegnehmen.**
- **Wichtig ist es auch, den Kindern zu vermitteln, dass die neue Liebe kein Verrat an der verstorbenen Mutter ist.**
- **Wenn Ihre Stiefkinder in Ihnen einen Ersatz für die verlorene Mutter suchen, geben Sie ihnen nach Möglichkeit die Wärme und Geborgenheit, die sie in ihrer Trauer suchen. Machen Sie ihnen aber auch sanft und liebevoll klar, dass sie ihnen gerne zur Verfügung stehen, dass sie aber nicht ihre Mutter sind. Nur so lassen sich überhöhte Erwartungen im Rahmen halten und Enttäuschungen für beide Seiten vermeiden.**
- **Auch wenn es Ihnen gelegentlich einen Stich gibt, wenn die Kinder immer wieder von ihrer Mutter sprechen und ihr Andenken hochhalten: Es ist ihr gutes Recht, das Sie ihnen auch lassen sollten. Schließlich haben sie schon sehr früh eine einschneidende Verlusterfahrung machen müssen.**

Leben im Haus einer Toten

Frauen, die sich mit einem Witwer zusammentun, ziehen viel häufiger als die neuen Partnerinnen geschiedener Männer in die Wohnung ein, wo er mit der Vorgängerin gelebt hat. Dieses Ambiente ist natürlich massiv mit der Geschichte und der Präsenz der früheren Frau belastet.

»Ich bin in das ehemalige Familienhaus eingezogen und das war sehr schwierig«, erinnert sich Elisabeth. »Überall waren persönliche Sachen von Maria: Bilder, Schmuck, Kleider. Peter hat alles gelassen, wie es war. Zum Glück hat mir Peter freie Hand gegeben, das Haus und die Einrichtung zu verändern. Das hat geholfen. Aber bis vor zwei Jahren habe ich mir trotzdem noch als Refugium meine eigene Wohnung behalten, erst dann bin ich richtig bei ihm eingezogen.«

Umgestaltungen in der ehemals gemeinsamen Familienwohnung, der die verstorbene Vorgängerin ihren Stempel aufgedrückt hat, sind unbedingt notwendig, damit der Neubeginn für alle Beteiligten sichtbar und erlebbar wird und damit die Neue sich nicht als Besucherin fühlen muss. Die Verstorbene kann, wenn ihre Hinterbliebenen das so wollen, durchaus einen Ehrenplatz bekommen, darüber hinaus aber sind optische Veränderungen absolut wichtig. Finden sie nicht statt, wird es für die zweite Frau noch viel schwieriger, sich in die neue familiäre Konstellation zu integrieren, als es ohnehin schon ist. Ein gemeinsamer Umbau, das Aussuchen neuer Möbel oder eine Umgestaltung von Räumen dagegen kann das Zusammengehörigkeitsgefühl des neuen Paares und jenes der Kinder mit ihrer Stiefmutter erheblich stärken.

Was tun mit ihren Sachen?

Geht es allerdings nicht bloß darum, das Sofa zu verrücken, die Wände neu zu tapezieren und das Schlafzimmer anders einzurichten, sondern stolpert man bei jeder Gelegenheit über persönliche Dinge der Toten, dann sind viele zweite Frauen ratlos. Räumen Sie diese persönlichen Sachen einfach weg, kann das heikel sein, als pietätlos empfunden werden oder als unstatthaftes Bemühen, sich »breit zu machen«. »Ich habe ihre Dinge nur weggeräumt und alles, was einen gewissen Wert hat, habe ich aufgehoben. Schon damit mir niemand etwas vorwerfen kann. Denn die Feindseligkeit von Familie und Freunden ist so weit gegangen, dass Leute bestimmte Geschenke an sie wieder zurückhaben wollten, damit ich sie ja nicht benutze. Viele wollten wissen, was alles da ist, aus Angst, dass ich mir irgendwas nehme.«

Am besten ist es sicher, wenn die Aufteilung der persönlichen Dinge der Verstorbenen bereits geregelt wurde, noch bevor die Zweite überhaupt in die Wohnung oder das Haus einzieht. Vor allem wenn Kinder da sind, ist es viel besser, es geschieht in zeitlichem Abstand zum Einzug der neuen Frau – und am besten, ohne dass diese involviert ist. Es könnte sonst zu leicht der Eindruck entstehen, die Neue nimmt Dinge an sich, die ihr nicht gehören.

Oft geschieht das aber nicht. Viele Zweite stehen dann vor dem Problem, die privaten Sachen ihrer Vorgängerin nicht mehr um sich haben zu wollen. Passen Sie hier auf, niemanden zu verärgern oder zu verschrecken. Bevor Sie irgendetwas davon weggeben oder verschenken, klären Sie zuerst einmal mit Ihrem Partner, wie er das sieht. Bieten Sie diese Sachen jedenfalls zuerst den Kindern, Verwandten oder Freunden der Verstorbenen an. Was Ihnen wertlos und vielleicht sogar als ein Fall für die nächste Caritas-Sammlung erscheint, kann für jemanden, der ihr nahe stand, ein wichtiges Erinnerungsstück sein.

»Sie hat das aber anders gemacht …«

Doch oft sind es nicht nur Möbel, Bilder oder Schmuckstücke, die der Neuen ihre verstorbene Vorgängerin ständig vor Augen führen. Dass ihre über die Wohnung verstreuten Sachen unangetastet bleiben, geht auch oft damit einher, dass Witwer und ihre Kinder an alten Gewohnheiten hängen. Wenn die Kinder Ihnen immer wieder sagen, dass »Mama das aber anders gemacht« hat oder Ihrem Mann gelegentlich »meine Frau hat immer …« herausrutscht, dann ist das ein untrügliches Zeichen dafür, dass sie ihre Trauerarbeit noch nicht bewältigt und/oder mit der Vergangenheit noch nicht abgeschlossen haben.

SECOND-WIVES-TIPPS

- Wenn Sie in das ehemals gemeinsame Heim einziehen, räumen Sie nicht sofort die Sachen der Verstorbenen aus, um für Ihre Dinge Platz zu schaffen. Überlassen Sie das lieber Ihrem Mann.
- Oft leiden zweite Frauen, wenn sie in das Haus der verstorbenen Vorgängerin einziehen und deren persönliche Dinge durch ihre eigenen ersetzen, unter dem Gefühl, die Erste zu verdrängen und in ihre Privatsphäre einzudringen. Dieses Gefühl müssen Sie nicht haben. Es geht schließlich um einen Neubeginn.
- Besprechen Sie mit Ihrem Partner Umgestaltungen im Haus oder in der Wohnung. Sie sind notwendig, damit sich alle Beteiligten leichter von der belastenden Vergangenheit lösen können. Beginnen Sie aber nicht ohne eine vorherige Klärung im Familienkreis. Das könnte von Ihrem Mann und seinen Kindern als pietätlos oder unsensibel erlebt werden.
- Nehmen Sie – bei aller Rücksicht auf die Trauer und die Verletzung Ihres Partners und seiner Kinder – auch Ihre eigenen Bedürfnisse ernst. Wenn Sie Dinge wie die Neugestaltung des Wohnumfeldes sanft, aber bestimmt durchsetzen, helfen Sie auch den anderen, die Schwere der Trauer zu durchbrechen.

GELD STINKT NICHT – FINANZIELLE ENGPÄSSE UND JURISTISCHE HÜRDEN

Ganz schön teuer: Verpflichtungen für Ex und Kinder

Zweite Ehen sind offenbar eher Liebesgeschichten als ökonomische Zweckgemeinschaften.

Wäre Geld das einzige wichtige Thema und schiere Berechnung die einzige Basis für eine neue Beziehung: Kaum eine vernunftbegabte Frau würde sich auf einen geschiedenen Mann mit Kindern einlassen.

Denn geschiedene Männer – und ganz besonders Väter – sind meist nicht nur mit emotionalen Hypotheken ausgestattet, sondern auch finanziell ziemlich belastet.

Bis zur Hälfte ihres Einkommens, rechnen Scheidungsanwälte vor, liefern Männer nach der Scheidung auf dem Konto der ersten Frau ab: Unterhaltspflichten gegenüber der Ex, Alimente für die Kinder, vielleicht auch Raten für gemeinsame Schulden aus der ersten Ehe.

Und sehr oft leisten Väter noch finanzielle Zuschüsse, zu denen sie rechtlich gar nicht verpflichtet sind.

All diese Zahlungen an die Exfamilie können das zweite Glück finanziell ganz schön belasten. Denn auch wenn der geschiedene Partner ein zweites Mal heiratet und dadurch neue Belastungen auf ihn zukommen: Die Verpflichtung gegenüber der ersten Familie bleibt unverändert bestehen.

Bloß keine falsche Zurückhaltung

Allerdings wissen viele Zweite weit mehr über das frühere Liebensleben ihres neuen Partners als über seinen Kontostand. Von seinen finanziellen Verpflichtungen gegenüber der Ex haben sie allenfalls eine vage Ahnung.

Wenn Sie sich mit einem getrennten oder geschiedenen Mann zusammentun, sollten Sie sich unbedingt ein präzises Bild von den finanziellen Verpflichtungen machen, die er zu tragen hat. Denn solche wirtschaftlichen Altlasten können massive Auswirkungen auch auf Ihre Lebensplanung haben.

Doch viele zweite Frauen fragen hier in nobler Zurückhaltung nicht nach. Geld ist offenbar ein zu sensibles und unromantisches Thema, als dass frau es in der Phase des jungen Liebesglücks ansprechen würde. Es wirkt doch irgendwie geschmacklos, fürchten viele, ihn danach zu fragen, wie viel er eigentlich an die Ex und die Kinder zahlt. Und wie viel ihm für das Leben nach der Scheidung noch bleibt. Schließlich ist es für die Frage, ob Sie mit Ihrem Liebsten regelmäßig am Abend ausgehen können, ausgedehnte Fernreisen unternehmen oder sich mit ihm gemeinsam einmal Ihr Traumhaus bauen werden, nicht ganz unerheblich, ob er für seine Ex ein Leben lang zahlen muss oder nur für eine begrenzte Zeit. Oder ob er zugesagt hat, seinen Kindern etwa teure Privatschulen zu finanzieren.

Unterhalt für die Ex: eine penetrante Sache

Wie viel Unterhalt geschiedene Männer an ihre Ex zahlen müssen, hängt natürlich von den Umständen im Einzelfall ab. Dabei spielen – in Österreich und Deutschland in etwas unterschiedlicher Weise – individuelle Faktoren wie die Schuld an der Scheidung, das Alter oder die bisherige Berufstätigkeit der Ex ebenso eine Rolle wie mögliche einvernehmliche Vereinbarungen, die im Scheidungsvertrag getroffen wurden.

Wenn zum Beispiel Ihr neuer Partner noch nicht geschieden ist, sondern bloß getrennt von der Ex lebt, kann das eine kostspielige Sache sein. Dann nämlich gilt das Expaar noch als Familie und der Unterhalt, den er meist zahlen muss, kann während der Trennungsphase üppiger ausfallen als nach der Scheidung. Kein Wunder also – und eine vielen Zweiten nicht unbekannte Erfahrung –, dass die Ex das Scheidungsverfahren möglichst lange hinauszögert.

Österreichische Verhältnisse

In Österreich spielt – auch wenn diese Regelung schon lange in Diskussion ist – nach wie vor das Verschulden an der Scheidung eine wichtige Rolle für die Verpflichtung zur Unterhaltszahlung. Grundsätzlich muss nach österreichischem Recht nur der allein oder überwiegend schuldig geschiedene Ehepartner Unterhalt zahlen. Diese Pflicht kann sich reduzieren, wenn der an sich zahlungspflichtige Partner in so schlechten wirtschaftlichen Verhältnissen lebt, dass er wegen der Unterhaltszahlung seinen eigenen angemessenen Unterhalt gefährden würde.
Liegt das Verschulden beim geschiedenen Mann, stehen Unterhaltszahlungen für die Ex immer im Raum. Selbst dann, wenn sie arbeitet und gearbeitet hat. Die Rechtsprechung geht hier davon aus, dass der Ex ein höherer Lebensstandard, in dessen Genuss sie durch die Ehe kam, auch nach der Scheidung weiter zusteht. Verdienen beide gleich viel, fällt der Unterhalt allerdings weg. Verfügt die geschiedene Ex über kein eigenes Einkommen, steht ihr Unterhalt in der Größenordnung von einem Drittel des Einkommens ihres Verflossenen zu.
Doch auch wenn der Mann nicht schuldig geschieden wird, kann er unter bestimmten Voraussetzungen in Sachen Unterhalt in die Pflicht genommen werden. Dann nämlich, wenn die Ex die Kinder betreut oder wenn es ihr nicht »zumutbar« ist, für ihren eigenen Unterhalt zu sorgen – etwa wegen ihres Alters oder wegen einer Krankheit.
Eine unterhaltsrechtliche Sonderstellung haben Ehefrauen, deren Ehe nach zumindest dreijähriger Trennung auf Grund einer Klage des Ehemannes geschieden wurde, wenn im Urteil das Verschulden des Klägers festgehalten ist. Dann haben sie weiterhin Anspruch auf Unterhalt wie bei aufrechter Ehe.
Die Unterhaltspflicht eines geschiedenen Mannes endet, wenn seine Ex wieder heiratet oder sich mit einem Lebensgefährten dauerhaft zusammentut: Durch eine Heirat erlischt der Unterhalts-

anspruch völlig, bei einer Lebensgemeinschaft ruht er nur und kann nach der Trennung vom neuen Partner wieder aufleben. Kein gutes Motiv für die Ex also, wieder zu heiraten.
Berechnungsbasis für den Unterhalt ist das Einkommen. Von der so genannten Bemessungsgrundlage – die sich nach dem Gehalt eines Unselbstständigen oder dem Gewinn eines Selbstständigen richtet, wobei dann noch bestimmte Ausgaben wie etwa die Kosten seiner neuen Wohnung abgezogen werden – stehen einer nicht arbeitenden Ex 33 Prozent zu. Dieser Anspruch kann sich um 4 Prozent für jedes unterhaltsberechtigte Kind des unterhaltspflichtigen geschiedenen Partners reduzieren und um weitere 1 bis 3 Prozent, wenn der Mann für seine zweite Ehefrau zu sorgen hat. Aufwendungen des Mannes für eine Lebenspartnerin, mit der er nicht verheiratet ist, vermindern den Anspruch nicht.

Deutsche Verhältnisse

Anders ist die Frage des »Ehegattenunterhalts« im deutschen Recht geregelt, wo es für Sorgerecht und Unterhalt nach der Scheidung heute keine Rolle mehr spielt, wer die »Schuld« am Scheitern der Ehe trägt. Grundsätzlich haben nach einer Scheidung beide Partner für ihren eigenen Unterhalt zu sorgen. Nur wenn einer der beiden dazu nicht in der Lage ist, muss der andere mit Unterhaltszahlungen einspringen. Gründe für eine solche Unzumutbarkeit, für sich selbst zu sorgen, sind nach dem Gesetz allem voran die Betreuung von Kindern – ganz so als ob auch verheiratete Frauen stets wegen der Kinder zu Hause blieben. Aber auch ein bestimmtes Alter, Krankheit, Arbeitslosigkeit oder Ausbildungs- und Umschulungsmaßnahmen.
Wenig begeistert naturgemäß viele geschiedene Männer – und ihre neuen Frauen –, dass die Pflicht zur Selbstversorgung noch weiter eingeschränkt werden kann. Zum Beispiel müssen Frauen, die während der Ehe nicht gearbeitet haben, auch nach der Scheidung nur einen Job annehmen, der ihrem Alter, ihrer Ausbildung, ihren Fähigkeiten, ihrem Gesundheitszustand und den ehelichen Lebensverhältnissen angemessen ist. Das Gesetz definiert also Frauen sehr traditionell über den Status ihrer Männer. Eine gelernte Friseuse etwa muss nach der Scheidung nicht wieder in ihrem Beruf arbei-

ten, wenn sie zwischenzeitlich mit einem Mediziner verheiratet war. Und selbst wenn sie berufstätig ist, kann sie den Ex noch zur Kasse bitten: Dann nämlich, wenn er mehr verdient als sie und sie den so genannten Aufstockungsunterhalt fordert.

Seit der Reform des Unterhaltsrechtes 1986 kann der Unterhalt in Deutschland heute zeitlich begrenzt oder nach einer bestimmten Zeit verringert werden – abhängig von Aspekten wie der Ehedauer, der Aufgabenverteilung während der Ehe und der Kinderbetreuung. Heiratet eine Frau nach der Scheidung wieder, muss ihr Exmann keinen Unterhalt mehr zahlen – allerdings kann sie wieder auf ihn zurückgreifen, wenn auch der zweiten Ehe nicht der Glanz der Dauer beschieden ist und wenn dann noch immer Unterhaltsgründe vorliegen. Die Höhe des Unterhalts wird grundsätzlich an den Einkommens- und Vermögensverhältnissen des Mannes bemessen.

Eine deutsche Unterhaltsregelung wird freilich von vielen geschiedenen Männern – und ihren neuen Frauen – mit einigem Unverständnis quittiert: Das Gesetz sieht nämlich vor, dass eine geschiedene Ex, die arbeitet und Geld verdient, obwohl sie die Kinder betreut und deshalb nicht zur Arbeit verpflichtet wäre, nur einen Teil ihres Einkommens auf den Unterhalt ihres Exmannes anrechnen lassen muss. Obwohl sie eigenes Geld verdient, verringert sich also ihr gegenüber die Höhe des Unterhalts durch den geschiedenen Exmann nur geringfügig.

Zusätzlich profitiert die Unterhaltsberechtigte unter Umständen auch noch, wenn der Expartner wieder heiratet. Nach der Scheidung kommt der Geschiedene in Steuerklasse I. Heiratet er wieder, belohnt ihn der Gesetzgeber mit Steuerklasse III. Durch diesen Wechsel in die günstigere Steuerklasse steigt sein Nettoeinkommen – und damit auch seine Unterhaltsleistung an die Erstfamilie.

Mit zweierlei Maß: Gesetze von vorgestern

Entschließt sich also eine Frau gegen jedes finanzielle Kalkül dazu, einen Secondhand-Mann zu heiraten, heißt das für sie im Klartext meist, dass sie berufstätig sein muss (was die meisten ohnehin wollen). Denn durch die Unterhaltszahlungen an die Ex und die

Kinder sind viele Männer derart eingespannt, dass ihr Einkommen für eine zweite Familie gar nicht ausreicht. Abgesehen davon, dass ihre neuen Lebenspartnerinnen so ihren eigenen Lebensunterhalt und/oder den der gemeinsamen Kinder sichern, müssen sie häufig mit ihrem Einkommen auch für die Zahlungsverpflichtungen ihrer Männer gegenüber der Erstfamilie mit aufkommen.

Das Recht beurteilt also – offenbar sehr den Traditionen der unauflöslichen Ehe und der Kernfamilie verpflichtet – erste und zweite Frauen mit zweierlei Maß. Frauen, die sich auf das Projekt einlassen, einen geschiedenen Mann zu heiraten, wird all das als völlig selbstverständlich zugemutet, wovon die Erste eben so selbstverständlich entlastet wird: zum Beispiel trotz Kinder berufstätig zu sein.

Viele Jahre, nachdem die Frauenbewegung den Weg geebnet hat für die Selbstverständlichkeit der weiblichen Berufstätigkeit, kämpfen heute noch immer geschiedene Frauen um das Recht, als Alleinerzieherinnen zu Hause bleiben zu dürfen und versorgt zu werden. Statt die geschiedenen Männer in die Versorgung der gemeinsamen Kinder mit einzubeziehen und sich damit den Freiraum für die eigene Berufstätigkeit zu schaffen. Kein Wunder also, dass sich viele Zweite über diese staatlich geförderte Null-Bock-Mentalität ärgern.

Aber sparen Sie sich als Zweite trotz aller angemessenen Skepsis gegenüber der wenig zeitgemäßen Rechtslage genug Energie auf für ein überfälliges Loblied auf die finanziell unabhängigen, berufstätigen Frauen. Sie können wenigstens Selbstbewusstsein und Stolz aus ihrem beruflichen Erfolg oder zumindest ihrer Eigenständigkeit ableiten – ein Selbstwertgefühl, um das sich arbeitsverweigernde und abzockende Exgattinnen ganz von selbst bringen.

»Ich arbeite mit psychisch gestörten Kindern. Inzwischen bin ich davon überzeugt, dass Frauen, die glauben, dass sie abcashen und ihren Ex und seine Neue ständig kontrollieren und jahrelang in Selbstmitleid versinken müssen, bloß weil sie ein Kind geboren haben, keine guten Mütter abgeben«, bringt die Salzburger Kindergärtnerin Konstanze ein unter Zweiten verbreitetes Gefühl auf den Punkt. »Aber unser Rechtssystem unterstützt solche Geschöpfe mit ihrem Anspruchsdenken. Dann frage ich mich gelegentlich: Bin ich denn die Einzige, die nicht davon ausgeht, dass ich einen Mann brauche, um versorgt zu werden?

Inzwischen habe ich gelernt, statt zu hadern wenigstens darauf zu schauen, dass mein hart verdientes Geld nicht über Umwege zur Ex fließt.«

Der Unterhalt für die Kinder: die Ex schneidet mit

Unabhängig vom Sorgerecht sind in Deutschland und Österreich beide Eltern ihren minderjährigen – und bis zum Ende einer angemessenen Ausbildung auch volljährigen – Kindern gegenüber unterhaltspflichtig, auch nach einer Scheidung. Nach dem gängigen Rechtsverständnis erfüllt die Mutter dies üblicherweise durch die Erziehung und Versorgung, für den finanziellen Unterhalt ist der Vater zuständig. Die Höhe des Unterhalts für die Kinder richtet sich nach dem Einkommen und Vermögen der Eltern.

In Deutschland wird der Unterhalt nach der so genannten Düsseldorfer Tabelle berechnet. Durch die Geburt weiterer Kinder in der zweiten Ehe sinken die Unterhaltsleistungen laut dieser Tabelle zwar für alle Unterhaltsberechtigten. Doch die Ex bekommt nur dann weniger Geld, wenn sich der »Ehegattenunterhalt« um mindestens 10 Prozent reduziert. Beträgt die in der Tabelle vorgesehene Reduzierung zum Beispiel nur 9 Prozent, bekommen zwar die Kinder weniger Unterhalt, nicht jedoch die Ex.

Auch in Österreich haben Kinder einen Unterhaltsanspruch in einem bestimmten Prozentsatz vom Einkommen. Das sind etwa 16 Prozent für ein Kind bis 6 Jahre, 18 Prozent für Kinder zwischen 6 und 10, 20 Prozent für Kinder bis 15 Jahre und 22 Prozent für Kinder über 15. Von diesen Ansprüchen werden dann 1 bis 2 Prozent für jedes andere unterhaltsberechtigte Kind abgezogen.

Dazu können noch verschiedene Zahlungen des so genannten Sonderbedarfs kommen. Das sind zum Beispiel die Hälfte der Kosten einer Zahnregulierung, nicht aber Studienreisen, Sprachferien, Sportunterricht, Internate oder Kindermädchen. In der Praxis zahlen viele Väter all diese Dinge natürlich trotzdem, wenn die Mütter nicht bereit sind, sie aus dem regulären Budget zu finanzieren.

Egal, was der Vater oder das neue Paar so ganz nebenbei finanzieren – Klamotten, Restaurants, Spielzeug oder Nachhilfe: Fällig ist trotzdem der volle Unterhalt. Was der Vater bei den

Kinderbesuchen bezahlt, mindert genauso wenig seine Zahlungsverpflichtungen wie ein gemeinsamer Urlaub mit den Kindern.
Nur wenn er sie auf einen überdurchschnittlich langen Urlaub mitnimmt, kann er vorher um eine Herabsetzung seiner Unterhaltspflichten für diesen Zeitraum ansuchen.

Wenn Männer zu viel zahlen

Viele Paare, die vor dem Scheidungsrichter landen, schließen Scheidungsvergleiche ab. Sie scheuen die bitteren Streitigkeiten, die Schmutzwäsche und die endlosen und immer wieder aufgekochten Debatten ums Geld, die häufig mit einer streitigen Scheidung samt gesetzlicher Unterhaltsregelungen einhergehen. In Österreich etwa wurden 1999 nur 12 Prozent der Ehen im streitigen Verfahren geschieden. Der Preis, den geschiedene Männer dabei für den lieben Frieden zahlen, ist oft höher als die Zahlungen, die sie von Gesetzes wegen leisten müssten. Aber auch bei Scheidungen nach den Buchstaben des Gesetzes legen gar nicht so wenige Männer noch einige Extras drauf.
»Wenn ich ihm nur einmal davon abbringen könnte, ständig die Brieftasche zu zücken, dann hätten wir es viel leichter miteinander«, beklagt die Hamburger Bankerin Katja die Großzügigkeit ihres Mannes Erich. »Er hat ohnehin schon in eine sehr generöse Scheidungsvereinbarung eingewilligt, jetzt zahlt er auch noch ständig extra. Wir sind in eine billigere Gegend gezogen, haben das Boot verkauft und fahren nur mehr bescheiden in die Ferien, damit sich seine Zahlungen ausgehen. Aber er hat noch immer nicht das Gefühl, dass er genug tut. Er würde ihnen alles geben, nur damit er seine Schuldgefühle loswird.«
Tatsächlich ist es häufig ein tief sitzendes schlechtes Gewissen, das geschiedene Männer gelegentlich zu besonderer Großzügigkeit gegenüber Ex und Kindern verleitet. In übertriebener Weise, wie dann Frauen wie Katja oft meinen. Denn die Versuche, die Verflossenen und die gemeinsamen Kinder weit über die Verpflichtungen hinaus zu unterstützen, sind meistens nicht nur unrealistisch und sprengen das Budget, sondern schaffen auch Unbehagen und Probleme in der neuen Beziehung. Schließlich hat Geld immer auch einen emotionalen Charakter.

Für manche Männer ist das großzügige Zahlen aber noch etwas anderes: Der Beweis für ihre Männlichkeit nämlich, die sich – in einem sehr traditionellen Rollenverhältnis – auch über die Fähigkeit ausdrückt, jemanden erhalten zu können. »Mir kam es manchmal so vor«, erinnert sich die 39-jährige Konstanze, »als wäre er richtig stolz darauf, wenn er mir vorgeführt hat, wie toll und luxuriös seine Ex und seine Tochter leben.«

Ob es sich dabei nun um eine Falle des schlechten Gewissens oder um falsch verstandene Ritterlichkeit handelt: Helfen Sie Ihrem Mann dabei, sich klar zu werden, dass ein realistischer Finanzplan und nicht Emotionen die Grundlage dafür sein sollten, wie viel er zuschießen kann. Stärken Sie ihm den Rücken, wenn es eng wird, indem sie ihm zu akzeptieren helfen, dass sich Kränkungen und Auseinandersetzungen auch mit hohen Geldsummen nicht ausräumen lassen.

Sollte Geld ohnehin keine Rolle spielen, dann freuen Sie sich und lehnen Sie sich großzügig zurück: Dann ist es vielleicht eine Chance, sich den Frieden zu erkaufen.

SECOND-WIVES-TIPPS

- **Klären Sie rechtzeitig, welche Zahlungen Ihr Partner an die erste Familie leisten muss, statt sich in nobler Diskretion zu üben. Schließlich geht es hier nicht um Habgier, sondern um eine realistische Lebensplanung.**
- **Helfen Sie Ihrem Mann heraus aus der Falle von schlechtem Gewissen und Ritterlichkeit: Schuldgefühle gehören bearbeitet, niemand kann sich mit Geld davon freikaufen. Und Männer, die ihre virile Identität aus der Rolle des Familienernährers speisen, passen nicht so recht ins 21. Jahrhundert.**
- **Wenn Geld keine Rolle spielt – wunderbar. Dann unterstützen Sie ruhig seine Großzügigkeit. Vielleicht lässt sich ja so ein Stück Frieden erkaufen.**

Wut auf die Ex: Geld legt Emotionen frei

Geld stellt in zahlreichen Beziehungen zwischen zweiten Frauen und ihren Gebrauchtmännern einen zentralen Konfliktpunkt dar. Das ist wenig verwunderlich: Schließlich ist Geld über Gebühr mit Emotionen belegt, es kann zu Selbstbewusstsein genauso beitragen wie zu Frust. Es wird über den notwendigen Gebrauchsgegenstand hinaus zu einem Symbol für die Beziehungen zwischen allen Beteiligten. Die Kämpfe um Unterhalt und Extras sind zwar häufig motiviert durch die Realität – aber auch durch viele emotionale Faktoren wie Angst, Erniedrigung, Verletzung, Schuld – oder den Ärger der Zweiten, auch in finanzieller Hinsicht benachteiligt zu sein.

»Geld ist oft ein Thema«, erzählt die 31-jährige Wiener Webdesignerin Doris: »Es ärgert mich, dass bei der Exfrau von Max alles damit entschuldigt wird, dass sie eben eine Chaotin ist. Das wirkt sich unter anderem so aus, dass wir den Mädchen ständig Klamotten kaufen müssen, weil sie ihnen nie genug mitgibt. Wirklich wütend macht mich, dass sie laufend finanzielle Unterstützung von Max' Eltern kriegt mit der Begründung, das sei alles nur für die Kinder. In Wirklichkeit ist es natürlich für sie. Wenn ihre Waschmaschine kaputt geht, dann kaufen sie ihr eine neue – uns nicht. Schließlich waschen wir ja auch für die Kinder.«

Die Ex bestimmt Ihre Finanzen

Geradezu als Provokation erleben die Zweiten, die viel und intensiv arbeiten, dass die Ex nicht in der Lage oder willens ist, sich selbst um ihren Unterhalt zu kümmern. »Mein Mann wird seine Ex lebenslang unterstützen müssen«, ärgert sich Konstanze. »Sie war jahrelang Nur-Hausfrau und verdient auch heute nicht so viel, dass sie davon leben könnte. Dafür hat sie sich mit ihrem brotlosen Beruf als Malerin selbst verwirklicht. Und zumindest finanziell wird sie unser Leben immer beeinflussen.«

Dieser Schatten der Vergangenheit ist lange: Exfrauen bestimmen also zu einem großen Teil das Budget und den Lebensstil des neuen Paares mit. Wenn sie auf die Beiträge ihrer geschiedenen Männer tatsächlich angewiesen sind, um einigermaßen über die Runden zu kommen, wir das im Allgemeinen auch akzeptiert. Doch wenig Verständnis können viele Zweite dann aufbringen, wenn die Ex ohnehin bestens lebt. »Während wir in einer Mini-Wohnung wohnten und auf Urlaube verzichteten, hat die Ex meines Mannes reich geheiratet«, erzählt die 28-jährige Berlinerin Sandra, die als Assistentin in einem Verlag arbeitet und deren 37-jähriger Mann Stefan für zwei Töchter aus erster Ehe Unterhalt zahlt. »Sie fuhr einen Mercedes, lebte in einer Villa und hatte einen Pool. Und trotzdem musste mein Mann volle Länge für die Kinder zahlen. Ich musste an allen Ecken und Enden sparen und sie lebte in Saus und Braus. Natürlich gibt es viele Menschen, die besser leben als man selbst. Aber wenn die dann auch noch von einem kassieren, dann tut das wirklich weh.«

Besonders spürbar werden die finanziellen Belastungen aus dem Vorleben ihres Mannes für Zweite meistens dann, wenn ein eigenes Kind kommt. »Mir war das immer egal, was er für die Ex und die Kinder zahlte«, erinnert sich die 36-jährige Linzer Betriebswirtin Tina, deren Sohn gerade eineinhalb Jahre alt ist. »Jetzt sehe ich das Geld, das da abfließt, natürlich etwas anders. Plötzlich sind das Summen, die für unser Kind ganz schön was hergeben könnten.«

Auch kinderlose Frauen werden oft wütend, wenn sie sich ausrechnen, was da aufs Konto der Ex fließt und wie komfortabel die monatliche Apanage für Verflossene und Kinder das gemeinsame Leben machen könnte. »Mein Mann und ich sind sehr erfolgreich, aber Geld haben wir trotzdem keines«, hadert die 35-jährige Juristin Rosa aus Zürich gelegentlich mit den großzügigen Summen, die Ludwig seiner ersten Frau und den Söhnen überweist. »Wir haben viel weniger als die meisten unserer Freunde. Seine Ex hat die große Wohnung behalten, das Auto und die Lebensversicherung.«

So zu denken und zu fühlen ist vielleicht kleinlich oder egoistisch – aber es ist auch sehr menschlich und die meisten von uns Zweiten haben schon so gedacht. Tun Sie es nur nicht zu oft – denn Sie können es ohnehin nicht ändern: Sich zu sehr darüber zu grämen kann nicht nur zur Belastung für Ihre Beziehung werden, sondern auch für Ihre psychische Gesundheit.

Wenn Geld zum Kampfmittel wird

Zur Verzweiflung treibt es viele Zweite, dass sie keinerlei Einfluss darauf haben, wie der Kinderunterhalt verwendet wird, auch wenn sie direkt oder indirekt mitzahlen. »Die Kids kommen immer in völlig abgetragenen Klamotten daher und jammern ständig, dass ihr kärgliches Taschengeld nicht reicht. Und ihre Mutter verbringt die Abende in teuren Lokalen«, ärgert sich Rosa seit Jahren über den lockeren Umgang ihrer Vorgängerin mit dem Kinderunterhalt. Rechtlich lässt sich in solchen Fällen allerdings gar nichts machen – die Ex wird ohnehin immer behaupten, dass das Geld in die allgemeine Haushaltskasse geflossen ist und dass eben die Wohnung und das Essen so teuer sind.

Wenn Geld zum Kampfmittel zwischen einem geschiedenen Mann und seiner Ex wird – und das ist es in vielen Fällen –, dann vermitteln auch Mütter ihren Kindern häufig, dass es darum geht, ihrem Vater gegenüber alle nur denkbaren Ansprüche durchzusetzen. Oft bekommen Kinder zu Hause wahre Schauermärchen zu hören, wie wenig Geld sie und die Mutter vom Vater bekommen und wie arm sie sind. Da ist es wichtig, mit offenen Karten zu spielen und den Kindern darzustellen – am besten tun das nicht Sie, sondern der Vater –, welche finanziellen Beiträge Ihr Partner wirklich zu ihrem Lebensunterhalt leistet. Wenn es ihnen ausreichend erklärt wird, können Kinder durchaus einschätzen, was viel und was wenig ist.

Neben solchen diplomatischen Tipps an ihre Männer können zweite Frauen auch einen anderen wichtigen Beitrag in Sachen Geldverständnis leisten. Nämlich indem sie ihren Stiefkindern ein Gefühl für Geld vorleben und vermitteln sowie dafür, wie hart es erarbeitet werden muss. Oft sind sie dazu in der besseren Position als die leiblichen Mütter, vor allem, wenn diese zur nicht unverbreiteten Spezies der Versorgungs-Denkerinnen gehören. Für ihr späteres Leben wird das den Kindern jedenfalls nützlich sein.

Gar nicht selten benutzen Exfrauen Geld auch als Druckmittel. Nach dem Motto: Wenn der Verflossene etwas durchsetzen will, dann soll er auch dafür zahlen. »Immer wenn mein Mann versucht, sich in Erziehungs- oder Schulthemen einzubringen oder ihr vermittelt, dass er eine Entscheidung nicht für richtig hält, will sie umgehend mehr Geld«, kennt Rosa das verbreitete Spiel von Ersten, sich Mitsprachemöglichkeiten abkaufen zu lassen. »Das ist doch wirklich unverschämt. Wenn sie Geld als ein Machtinstrument sieht und gern mehr davon hätte, dann soll sie doch endlich welches verdienen.«

Opferlamm? Nein danke!

Doch trotz solcher Kalamitäten schaffen es manche Zweite doch ganz souverän, den Ärger ins Positive zu kehren. Zum Beispiel die Hamburgerin Katja, die für die beiden Söhne ihres Mannes mit sorgt. »Während der Zeit, als mein Mann und ich für zwei Privatschulen bezahlten, habe ich, zugegeben, schon ziemlich gehadert. Aber andererseits wusste ich ja von vornherein, was auf uns zukommt. Also habe ich beschlossen, anstatt wütend zu sein, mich einfach in der Rolle einer Unterstützerin zu sehen – für ihn und für meine Stiefsöhne. Und darin habe ich sogar eine gewisse Befriedigung gefunden. Das ist jedenfalls ein besseres Gefühl, als sich wie ein armes Opfer zu fühlen.«
Und eine gute Nachricht gibt es schließlich immer: Die Stiefkinder werden irgendwann erwachsen und die Ex findet ja vielleicht sogar noch einen Mann. Mit der Zeit wird es also auch finanziell besser – die Zeit ist auf Ihrer Seite.

SECOND-WIVES-TIPPS

- **Geld bedeutet immer auch Emotion. Sie sind weniger emotional involviert als Ihr Partner und seine Ex, die schließlich eine Trennung aufzuarbeiten haben. Bewahren also wenigstens Sie einen klaren Kopf und handeln Sie Geldfragen entsprechend ab: realistisch statt emotional.**
- **Mischen Sie sich möglichst nicht direkt in finanzielle Verhandlungen zwischen Ihrem Mann und der Ex ein – das könnte die Emotionen nur noch weiter anfachen. Wirken Sie lieber als seine Vertraute hinter den Kulissen.**
- **Lösen Sie sich von der alles vergiftenden Sichtweise, dass da Monat für Monat Geld auf das Konto der Ex fließt, das Ihnen als neuem Paar das Leben komfortabel machen könnte. Das Einkommen Ihres Mannes ist nun einmal das, was nach seinen Unterhaltszahlungen übrig bleibt. Damit können Sie rechnen, was seine Beiträge zu Haushalt, Freizeit oder Kindern betrifft. Das mag Ihnen nicht gefallen, aber Sie müssen damit leben.**

Muss ich das alles mitfinanzieren?

Angesichts der zentralen Rolle, die das liebe Geld in vielen Patchwork-Familien spielt, verwundert es wenig, dass sich zweite Frauen gelegentlich die bange Frage stellen, ob sie denn alles das mitfinanzieren müssen. Grundsätzlich nicht: Denn Stiefmütter haben zwar eine Fürsorgepflicht gegenüber den Kindern ihres Partners, Unterhalt müssen aber nur leibliche Eltern zahlen. Das gilt auch dann, wenn Sie bei den Zahlungen einmal einspringen, weil Ihr Mann gerade knapp bei Kasse ist. Daraus kann die Ex keinesfalls ableiten, dass Sie dies auch weiterhin tun – so etwas wie Gewohnheitsrecht entsteht dadurch nicht.
Doch selbst wenn keine rechtliche Verpflichtung für Zweite besteht, die Erstfamilie zu unterstützen, sieht die Realität oft anders aus. Denn häufig wirtschaftet das neue Paar ja aus einer gemeinsamen Kasse, aus der auch die Unterhaltszahlungen stammen. »Ich weiß schon, dass ich keine rechtliche Verpflichtung habe, seine Alimente mitzufinanzieren«, beschreibt Rosa eine typische Situation für zweite Frauen. »Trotzdem habe ich immer eine moralische Verpflichtung dazu gefühlt und in der Zeit, als es uns beiden finanziell nicht so toll ging, sehr zurückgesteckt, um Ludwig mehr Anteile an unserem gemeinsamen Geld zukommen zu lassen. Hinterher hat mich das wahnsinnig geärgert, dass ich damit eigentlich die Ex mitfinanziert habe. Die Kinder zu unterstützen, das wäre ja noch gegangen, aber einen großen Teil hat ja sie abgesahnt.«
Manche Zweite stellen sich daher ganz klar auf den Standpunkt, dass eine getrennte Kasse nicht nur eine Voraussetzung für gute Freundschaft, sondern auch für ein glückliches Leben als Paar ist. Die 42-jährige Musikerin Helene ist seit zehn Jahren mit dem Journalisten Walter, 56, verheiratet, der eine inzwischen erwachsene Tochter aus erster Ehe hat. Sie legte von Anfang an Wert auf eindeutige finanzielle Verhältnisse: »Für mich war es immer klar, dass ich seine Verpflichtungen gegenüber seiner Erstfamilie sicher nicht mitbezahle. Es ist schon in Ordnung, wenn er die Ex und die Tochter finanziert, aber nicht auf meine Kosten. Ich habe ihm auch klar kommuniziert: Das sind deine Probleme und auch deine Einschränkungen, die du in Kauf nehmen musst.«

Eine Ex kommt teuer

Auch gegenüber der Exfrau ihres Partners haben zweite Frauen keine Unterhaltspflichten – zumindest im Prinzip. Allerdings kann es durchaus zu Konstellationen kommen, in denen sie für die Frau, die ihnen vielleicht über Jahre das Leben als Nachfolgerin schwer gemacht hat, auch noch zahlen müssen.
Zum Beispiel dann, wenn ihr Mann stirbt und die Zweite als seine Erbin eingesetzt ist. Während nämlich der Unterhaltsanspruch der Kinder nach dem Tod des Vaters erlischt (weil dann üblicherweise an die Stelle des Unterhalts die Waisenrente tritt), ist der Anspruch der Exfrau auf Unterhalt zum Teil vererbbar. Die Zweite muss für die Zahlungen einspringen, weil die Unterhaltsverpflichtungen des Verstorbenen als so genannte Nachlassverbindlichkeiten auf die Erbin übergehen. Wenigstens sind diese Verbindlichkeiten beschränkt, nämlich auf die Höhe eines erbrechtlichen Pflichtteils. Der Zweiten sind in einem solchen Fall die Hände gebunden, denn selbst durch einen Ehevertrag lassen sich derartige Zahlungen nicht vermeiden. Die einzige – oft nicht optimale – Alternative ist es, das Erbe ganz auszuschlagen.
Deshalb, so raten Rechtsexperten, sollte die Nachlassverbindlichkeit tunlichst schon zu Lebzeiten möglichst stark reduziert werden. Das funktioniert in der Praxis so, dass der Unterhaltspflichtige sein Vermögen klein hält, indem er der neuen Partnerin möglichst viel davon in Form von Schenkungen überträgt. Um sich selbst abzusichern und nicht schlimmstenfalls eine unliebsame Verlusterfahrung zu wiederholen, kann er sich ein lebenslanges Nutzungsrecht zusichern lassen oder ein Verkaufsverbot verhängen. Allerdings müssen solche Übertragungen frühzeitig passieren. Erkundigen Sie sich daher unbedingt im Einzelfall, welche Fristen hier für Sie relevant sind.
Diese Nachlassverbindlichkeiten gelten übrigens auch für unverheiratete Zweitpaare, wenn sie sich gegenseitig zu Erben eingesetzt haben. Einfach auf das Testament zu verzichten ist allerdings keine gute Lösung. Ohne Testament erben Sie als Lebensgefährtin nämlich gar nichts.

Vorsicht, wenn er nichts verdient

Nicht nur wenn Ihr Partner stirbt, kann es Ihnen als zweite Frau passieren, dass Sie plötzlich Unterhaltsverpflichtungen für die Ex mitfinanzieren müssen. Wenn zum Beispiel ein geschiedener Mann in finanzielle Not kommt, kann seine zweite Frau über Umwege für den Unterhalt der Ex oder der Kinder verantwortlich gemacht werden.

In Deutschland gilt unter Ehepartnern ein so genannter Taschengeldanspruch in der Höhe von 5 Prozent des Nettoeinkommens des erwerbstätigen Partners. Wenn also Ihr Mann seinen Job verliert und deshalb seine Unterhaltszahlungen nicht mehr leisten kann, kann dieser Taschengeldanspruch – und damit Ihr Geld – zur Deckung der Unterhaltspflicht gepfändet werden.

Indirekt zur Kasse könnten Sie zum Beispiel auch gebeten werden, wenn Sie sich eine gemeinsame Eigentumswohnung zugelegt haben, die aber auf Ihren Mann eingetragen ist. Dann kann für den Fall, dass er seinen Unterhaltspflichten nicht nachkommt, auf diese Wohnung zugegriffen werden. Wenn er Sie Ihnen dann noch rasch schenkt, nützt das meist nichts mehr. Eine solche Schenkung kann vom Anlassfall zwei Jahre zurückgerechnet angefochten werden. Stellen Sie die Sache also rechtzeitig im Grundbuch sicher und nicht erst, wenn es ernst wird.

Sind Unterhaltsverpflichtungen Ihres Partners offen, können auch Gegenstände aus Ihrer gemeinsamen Wohnung gepfändet werden. Schützen können Sie Ihre Habe nur, indem Sie im Ernstfall beweisen, dass die Dinge nur Ihnen gehören, zum Beispiel durch Rechnungen oder Zeugenaussagen.

Keine Schlupflöcher für Tricks und Kniffe

Ist es Ihnen und Ihrem Partner – wenn die Ex wieder besonders fordernd war – auch schon einmal durch den Kopf gegangen, sein Gehalt absichtlich so niedrig wie möglich zu halten, um die Unterhaltsleistungen zu verringern oder vermeiden? Verständlich ist eine solche Überlegung in vielen Fällen, allerdings nicht so leicht umsetzbar.

Das könnte zum Beispiel so funktionieren, dass Ihr Mann seinen Job

kündigt und nur von Ihrem Geld lebt oder Sie ihm ein Darlehen gewähren. Oder dass er – wenn Sie eine eigene Firma haben – um einen Minimalbetrag für Sie arbeitet. Freuen Sie sich allerdings nicht zu früh, dass dann die Ex wirklich nur mehr ihre Anteile von diesem geringen Einkommen bekommt. Denn wenn sie ihr Recht einklagt, werden Sie und Ihr Partner sehr oft den Kürzeren ziehen. Deshalb nämlich, weil die finanzielle Leistungsfähigkeit des Unterhaltspflichtigen genau geprüft wird. Zwar vermindert sich oder erlischt der Unterhaltsanspruch der Exfamilie, wenn der Unterhaltspflichtige wirklich arm dran ist. Doch werden hier sehr strenge Maßstäbe angelegt.
Verdient der Unterhaltspflichtige zu wenig oder nichts, greift etwa nach österreichischem Recht die so genannte Anspannungstheorie. Das bedeutet, dass jemand, der unterhaltspflichtig ist, seine ganze Kraft einsetzen muss, um ein entsprechendes Einkommen zu erwirtschaften. Hört ein Unterhaltspflichtiger auf zu arbeiten, arbeitet er nur halbtags oder nimmt er einen Job an, der nicht seiner Ausbildung entspricht, dann wird der Unterhalt nicht nach seinem tatsächlichen Einkommen bemessen, sondern nach einem fiktiven Einkommen, das er erzielen könnte, würde er einer zumutbaren Beschäftigung nachgehen.
Bei unverschuldeter Arbeitslosigkeit kann nicht »angespannt« werden. Der Unterhaltspflichtige muss allerdings bereit sein zu arbeiten, sich also beim Arbeitsamt melden.

Wie sichere ich mein Vermögen?

»Die Absicherung des Eigentums, das ich in unsere Ehe eingebracht habe, war mir sehr wichtig«, erzählt die 36-jährige Betriebswirtin Tina, Mutter eines einjährigen Sohnes, deren Mann Werner zwei Töchter aus früheren Ehen hat. »Ich habe mich deshalb ausführlich damit beschäftig und wir haben die Dinge auch klar geregelt, was in unserem Fall sicherlich einfacher ist, weil halt Manövriermasse da ist. Ich glaube, für die eigene Befindlichkeit ist es sehr wichtig, dass für den Fall einer Trennung oder des Todes ganz klar ist, was an wen weiter geht. Werner hat das auch gut verstanden, dass ich das eindeutig geregelt haben will und meine Dinge natürlich nur an mein Kind weitergeben will.«

Vielen zweiten Frauen geht es wie Tina. Spätestens dann, wenn sie eigene Kinder haben, entwickeln sie das Bedürfnis, das Vermögen, das sie mit erwirtschaftet haben, vor der Erstfamilie zu schützen. Dafür gibt es unterschiedliche Strategien. Die 40-jährige Tiroler Pharmareferentin Bella zum Beispiel, die mit ihrem 51-jährigen Mann Gerd eine 14-jährige Tochter hat, bestand darauf, dass das gemeinsam gebaute Haus rechtlich gesehen nur ihr gehören soll. Gerds mittlerweile erwachsene Tochter aus einer früheren Beziehung sollte keinen Zugriff darauf haben. »Ich habe mich da klar abgesichert. Auf dem Papier gehört unser gemeinsames Haus nur mir, Gerd hat bloß das Wohnrecht. Ich wollte das, damit ich oder unsere gemeinsame Tochter im Falle seines Todes nicht mit seiner älteren Tochter teilen müssen. Das hätte ich einfach nicht eingesehen, schließlich haben wir das gemeinsam mühsam geschaffen. Es hat Gerd zwar ein bisschen geschmerzt, aber dann hat er doch eingewilligt.«

Zweite Frauen ohne eigene Kinder sehen die Frage, wie sie ihr Vermögen am besten zusammenhalten, oft etwas entspannter. Manchmal ist es aber nicht die Sorge um das Erbe des eigenen Kindes, das zweite Frauen in Rechts- und Vermögensfragen aktiv werden lässt. Gelegentlich sind es auch ihre Eltern, die mit sanftem Druck klare rechtliche Verhältnisse einfordern. Denn eine Methode, mehr Klarheit, Sicherheit und Unabhängigkeit zu schaffen, kann die so genannte Gütertrennung sein. »Wir haben auf schweres Anraten meines Vaters einen Ehevertrag gemacht. Er hat mich damals eigentlich sehr wütend gemacht, dass er da so insistiert hat«, erzählt die 38-jährige Grazer Unternehmensberaterin Rotraud, die den Manager Willi geheiratet hat. »Ein Hintergrund war sicher, dass er Angst hatte, irgendwann könnte sein Erbe bei Willis Kindern aus erster Ehe landen. Hinterher war ich aber eigentlich froh über diesen Vertrag. Mein potenzielles Erbe geht wohl auf Willi über, wenn ich vor ihm sterbe, aber nicht auf seine Kinder.«

Nicht nur, wenn es einmal ein gemeinsames Kind geben sollte, dessen Position Sie gegenüber den anderen Kindern sichern wollen, sollten Sie sich juristischen Rat einholen. Das ist für Zweite in jedem Fall eine gute Idee. Verlassen Sie sich bloß nicht darauf, keine rechtliche Absicherung zu brauchen, weil Sie und Ihr Mann ja ohnehin alles besser machen, als er es mit der Ex gemacht hat. Das sei Ihnen von Herzen vergönnt: Aber Verträge sind schließlich für den Ernstfall da, dass es mit einer gütlichen Einigung nicht klappen will.

Egoistisch oder legitim?

Auch wenn sie zu gemeinsamen Anschaffungen viel beigetragen haben, drückt zweite Frauen trotzdem oft die Sorge, dass es ihnen als habgierig und unsympathisch ausgelegt werden könnte, wenn sie sich um die Absicherung ihres Vermögens kümmern. »Angesichts der angespannten und sehr konfliktreichen Situation mit der Ex und dem Kind habe ich verstanden, dass ich irgendwie auf mich schauen muss«, sagt die 43-jährige Münchner Sozialwissenschafterin Marion, deren Mann Peter einen zehnjährigen Sohn aus einer früheren Beziehung hat. »Ich habe dann auch bei rechtlichen Dingen viel genauer aufgepasst. So habe ich zum Beispiel darauf bestanden, dass ich mit der Hälfte der Wohnung im Grundbuch eingetragen bin. Das wurde mir zwar als Egoismus ausgelegt, aber dazu kann ich stehen. Mir geht es so jedenfalls viel besser.«

Ein schlechtes Gewissen wegen derartiger Strategien ist nicht angebracht. Schließlich haben Sie als Zweite meistens nicht nur zu seiner Unterhaltspflicht oder zu den Extras beträchtlich beigetragen, sondern wegen seiner angespannten finanziellen Situation oft auch noch jede Menge zu gemeinsamen Anschaffungen. Daher ist es völlig legitim, wenn Sie Ihr Vermögen – soweit das möglich ist – durch einen Ehevertrag oder ein Testament vor dem Zugriff durch die Erstfamilie schützen wollen. Im Idealfall tun Sie das, noch bevor Sie einem unterhaltspflichtigen Partner das Jawort geben.

Das fällt zweiten Frauen schon deshalb oft schwer, weil sie ihren Partner, der nicht selten einen mühsamen Rosenkrieg hinter sich gebracht hat, vor neuerlichen Gelddiskussionen verschonen wollen. »Männer kann das extrem kränken, wenn sich die Zweite rechtlich absichern will. Schließlich haben sie ja meistens eine Trennung hinter sich, bei der es um viel Geld ging, und so etwas wollen sie nicht schon wieder mit der nächsten Frau klären«, beschreibt die 42-jährige Musikerin Helene ihre Erfahrung mit einem verbreiteten Dilemma. »Aber wenn wir es nicht regeln, fressen wir dauernd Ärger in uns hinein. Deshalb habe ich sehr rasch dafür gesorgt, dass wir uns auf eine Gütertrennung einigen und sein Kind aus erster Ehe zwar vom Vater, aber nicht von mir erbt.«

SECOND-WIVES-TIPPS

- **Holen Sie sich juristischen Rat ein, wie Sie in einer Zweitehe oder Zweitpartnerschaft am besten Ihr Eigentum vor dem Zugriff der Erstfamilie schützen können.**
- **Scheuen Sie sich nicht, mit Ihrem Partner Ihr Bedürfnis nach einer rechtlichen Absicherung zu besprechen. Auch wenn er gerade durch einen Rosenkrieg samt Geldkonflikten gegangen ist: Wenn Sie ihm Ihre Sorgen und Bedenken erklären, wird er sich dem Thema nicht verschließen können.**
- **Sprechen Sie Ihren Eltern gegenüber offen an, wie Sie Ihre Vermögensangelegenheiten regeln wollen. Sie sind möglicherweise besorgt, dass Teile des Familienvermögens über Sie letztlich in einer »fremden« Familie landen könnten. Riskieren Sie nicht, dass ein so wichtiges Thema unausgesprochen bleibt und die Beziehungen schwierig macht.**
- **Klären Sie, auf wen die Lebensversicherungs-Polizzen Ihres Partners ausgestellt sind. Oft wird in den Wirren der Scheidung vergessen, sie zu ändern, und die Ex bleibt die Begünstigte. Sehen Sie also zu, dass er Sie eintragen lässt.**

Wenn der Tod Sie scheidet: Wer erbt was?

In Patchwork-Situationen mit erster und zweiter Frau und Kindern aus unterschiedlichen Familien sind die Empfindlichkeiten, Unsicherheiten und Sorgen häufig groß, im Todesfall nichts oder zu wenig aus der Erbmasse zu bekommen. Und zwar auf allen Seiten: Die Kinder aus erster Ehe verdächtigen vielleicht die Stiefmutter, ihnen etwas vorzuenthalten. Zweite Frauen stellen sich möglicherweise die Frage, ob ihre Stiefkinder von ihnen erben werden – oder sollen. Mit einer zweiten Ehe wächst jedenfalls der Kreis der Erbberechtigten und es ändert sich die gesetzliche Erbfolge.

Wenn es kein Testament gibt

Gibt es kein Testament oder keinen Erbvertrag, tritt nach dem Tod des Erblassers die gesetzliche Erbfolge ein. Dann erben im Wesentlichen die jeweils aktuellen – nicht die verflossenen – Ehepartner und die leiblichen Kinder, die ehelichen genauso wie die unehelichen. Nur wenn diese Erben nicht mehr leben, kommen andere Verwandte zum Zug, also Eltern und Geschwister und in der Folge auch entferntere Verwandte.

Sollte also Ihr Mann sterben, dann erben nach deutschem Recht – wenn kein Testament vorliegt – bei der so genannten »Zugewinngemeinschaft« Sie und seine Kinder je die Hälfte. Bei Gütertrennung erben Sie mindestens ein Viertel, der Rest wird auf die Kinder aufgeteilt. Wenn Sie in einer Zugewinngemeinschaft mit Ihrem Mann gemeinsam ein Haus besitzen und er stirbt, ohne ein Testament abgefasst zu haben, dann erben Sie seine Haushälfte nur zur Hälfte, die andere Hälfte bekommen seine Kinder. Wenn Sie diese nicht auszahlen können, müssen Sie das Haus unter Umständen verkaufen.

Eine solche Situation lässt sich durch eine testamentarische Verfügung vermeiden. Darin kann zum Beispiel festgelegt werden, dass Sie das Haus bekommen und die Kinder andere Vermögenswerte in entsprechender Höhe. Bei Lebensgemeinschaften gibt es im Gegensatz zur Ehe kein gesetzliches Erbrecht.

In Österreich erben Sie bei gesetzlicher Erbfolge ein Drittel und die Kinder Ihres Mannes zwei Drittel des vorhandenen Vermögens. Wenn es Kinder gibt, zu denen Ihr Mann überhaupt keinen Kontakt hatte und das auch nachgewiesen werden kann (zum Beispiel weil sie mit ihrer Mutter immer auf der anderen Seite des Globus gelebt haben), dann stehen die Chancen gar nicht so schlecht, deren Erbteil anzufechten.

Was aber geschieht mit Ihrem Vermögen, wenn Sie als zweite Frau Ihren Mann nicht überleben und nicht durch ein Testament vorgesorgt haben? Dann kann es durchaus vorkommen, dass Sie ungewollt der Erstfamilie Ihres Mannes indirekt einen erheblichen Anteil vererben. Stirbt nämlich die Zweite vor ihrem Mann, erbt er im Normalfall ihr gesamtes Vermögen – es sei denn, sie haben gemeinsame Kinder, mit denen er das Erbe teilen muss. Nach seinem Tod wird der Nachlass unter all seinen Kindern aufgeteilt. Dabei erhalten nicht nur Ihre gemeinsamen Kinder ihren Anteil, sondern auch die Kinder aus erster Ehe. Ein Teil des Vermögens der zweiten Frau kann so auch der Erstfamilie zugute kommen.

Die gesetzliche Erbfolge führt also in vielen Fällen nicht unbedingt zu dem Ergebnis, das zweite Frauen und ihre Partner sich wünschen. »Es geht mir schon oft durch den Kopf, was eigentlich mit allem passiert, wenn Max stirbt«, räsoniert Doris. »Im Moment spielt das nicht so eine wichtige Rolle, weil wir ohnehin kein Vermögen haben. Aber wenn's da einmal mehr gibt, werde ich sicher darauf bestehen, dass er ein Testament macht.«

Geordnete Verhältnisse: Letzter Wille & Co.

Wenn Sie nicht wollen, dass nach dem Tod Ihres Mannes oder Ihrem eigenen die gesetzliche Erbfolge zum Zug kommt, müssen Sie ein Testament machen. Das kann jeder von Ihnen für sich, Sie können aber auch ein gemeinsames Testament verfassen, in dem Sie im Prinzip alles regeln können. Sie müssen sich nur vorher darüber klar werden, wie das gewünschte Ergebnis aussehen soll, dann kann Ihnen ein Experte dabei helfen, diese Wunschverteilung auch in die entsprechende rechtsgültige Form zu gießen.

Wollen Sie und Ihr Partner, dass, wenn einer von Ihnen stirbt, der komplette Nachlass auf den anderen übergeht und die Kinder ausgeschlossen sind, müssen Sie sich im Testament gegenseitig zu alleinigen und unbeschränkten Erben einsetzen. Allerdings können in einem solchen Fall sämtliche leiblichen Kinder (Ihre und die Ihres Mannes) Anspruch auf ihren Pflichtteil erheben. Deshalb wird in solchen gemeinsamen Testamenten oft die Verfügung aufgenommen, dass das Vermögen nach dem Tod des zweiten Partners zu gleichen Teilen an die Kinder beider vermacht wird. Mit einer solchen Regelung lässt sich zwar Gerechtigkeit an die Kinder signalisieren, Pflichtteilsansprüche lassen sich damit allerdings nicht verhindern. Und auch nicht die Tatsache, dass das Vermögen der zweiten Frau so doch über Umwege bei den Kindern aus erster Ehe landet.

Ein gemeinschaftliches Testament mit gegenseitiger Erbschaft durch die Partner ist daher in einer Zweitehe nicht unbedingt immer die optimale Lösung. Sinnvoller kann es da sein, eine so genannte Vorerbschaft einzuführen. Dabei können Sie die Erbfolge der Erbberechtigten bestimmen. Sie können zum Beispiel Ihren Mann als Vorerben einsetzen und Ihre eigenen Kinder als Nacherben. So kommt nichts in die Erstfamilie. Die Vermögen der beiden Partner bleiben getrennt. Stirb auch der Mann, bekommen seine Kinder ihren Anteil aus seinem Erbe, Ihr Vermögen bleibt aber Ihren Kindern erhalten. Die Vorerbschaft bietet aber noch eine Möglichkeit: Sie können zum Beispiel den Zeitpunkt bestimmen, zu dem die gemeinsamen Kinder aus zweiter Ehe in den Genuss des Vermögens kommen sollen.

So gut diese Konstruktion klingt, so selten wird sie in der Praxis angewendet. Und zwar deshalb, weil es dazu sehr komplizierte vertragliche Regelungen braucht. Was ist, wenn die Nacherben sterben? Dann müssten theoretisch schon von Anfang an Ersatzerben vorgesehen sein.

Viele Experten raten daher, das Vermögen gleich dorthin zu schaffen, wo es landen soll. Die Zweite würde ihr Vermögen also demnach direkt an ihre Kinder vererben. Damit ihr Mann nicht ganz leer ausgeht, setzt sie ihn als Testamentsvollstrecker ein. Wenn sie ihm gleichzeitig auch noch ein Nießbrauchrecht gibt, kann er zu Lebzeiten aus dem Vermögen Gewinn erzielen, die Substanz des Vermögens jedoch nicht angreifen.

Klären Sie außerdem mit Ihrem Partner, ob er vielleicht schon eine einschlägige Regelung getroffen hat. Wenn er nicht will, dass durch seine Wiederheirat der Anspruch der Kinder geschmälert wird, kann er sie prinzipiell testamentarisch zu seinen Alleinerben machen, für Sie bliebe dann nur der Pflichtteil: Das ist die Hälfte des gesetzlichen Erbteils.

SECOND-WIVES-TIPPS

- **Überlegen Sie, was mit Ihrem Vermögen nach Ihrem Tod passieren soll. Wenn Sie keine eigenen Kinder haben – ist es für Sie dann in Ordnung, dass Ihre Stiefkinder nach Ihrem Mann von Ihnen erben? Oder sähen Sie Ihr Vermögen lieber in anderen Händen?**
- **Wenn Sie zur Entspannung beitragen wollen und ein gutes Verhältnis zu Ihren Stiefkindern haben, dann sprechen Sie mit ihnen ganz offen über Ihre Erbschaftsregelungen. Damit verhindern Sie, dass sie über die berechnende Stiefmutter fantasieren, die sie um ihr Erbe bringen will.**
- **Setzen Sie gemeinsam mit Ihrem Partner oder für sich allein ein Testament auf, das nicht anfechtbar ist, und hinterlegen Sie es bei einem Notar. Es ist zwar auch ohne eine solche Hinterlegung gültig, doch diese Form ist im Streitfall sicherer.**

NIX IS FIX: VON DER ZWEITEN ZUR EX

Ist er Wiederholungstäter?

Wie ist es eigentlich um die Stabilität und Dauerhaftigkeit von Beziehungen mit Gebrauchtmännern bestellt? Sind Männer, die schon mindestens einmal eine längere Partnerschaft oder Ehe beendet haben, dafür anfällig, das immer wieder zu tun? Gehören Secondhand-Männer zu jener Spezies von wenig beziehungstauglichen und -fähigen Zeitgenossen, die immer, wenn es schwierig wird, die Flinte ins Korn werfen und sich der nächsten attraktiven Frau zuwenden? Oder könnte es sein, dass sie in bestimmten Intervallen einfach ihrer Partnerin überdrüssig werden und sich nach einer jüngeren Nachfolgerin umsehen?
Hand aufs Herz: Auch für den Fall, dass Sie Ihren Mann aus zweiter Hand vergöttern und in der Partnerschaft alles bestens läuft – die Frage, ob er das Zeug zum Wiederholungstäter hat, haben Sie sich sicher auch schon das eine oder andere Mal klammheimlich gestellt. Darüber gelegentlich zu spekulieren ist durchaus legitim: Schließlich muss er ja auch an der Ex irgendwann einmal irgendetwas attraktiv gefunden haben. Und trotzdem lebt er heute mit Ihnen. Da könnte es doch sein, dass er diese Art von Sinneswandel noch einmal durchmacht.

Beim zweiten Mal wird alles anders

»Keine Gefahr – bei uns ist alles anders.« So beantworten die allermeisten zweiten Frauen die bange Frage nach der Möglichkeit, ob ihr Partner in Sachen Liebe und Trennung vielleicht nach einem sich wiederholenden Muster vorgehen könnte. Zumindest dann, wenn die Zweiten, die für dieses Buch ihre Geschichten erzählt und ihre Gedanken offen gelegt haben, repräsentativ sind.

»Ich habe überhaupt keine Angst, dass er was wiederholen könnte. Die Qualität unserer Beziehung ist eine völlig andere als die, die er mit seiner Ex hatte. Ob es gut geht, liegt also an uns beiden, und nicht an irgendwelchen Wiederholungsmustern«, gibt sich etwa die 31-jährige Wiener Webdesignerin Doris selbstbewusst. Eines ihrer Rezepte, die Ehe mit dem 42-jährigen Computerfachmann Max haltbar und zukunftstauglich zu machen: Ihn – im Gegensatz zu seiner Ex – zu nehmen und zu akzeptieren, wie er ist. »Ich habe da nicht den Komplex, dass ich ihn unbedingt ändern muss. Ich nehme einfach für mich in Anspruch, dass ich die große Liebe seines Lebens bin, und er umgekehrt auch für mich. Deshalb fühle ich mich durch die gelegentlichen Störmanöver durch Ex, Kinder oder Schwiegereltern auch überhaupt nicht in Frage gestellt.«

Ähnlich selbstbewusst beantwortet die 36-jährige Tina die Frage nach einer möglichen Wiederholungstäterschaft. Immerhin seit acht Jahren ist die Linzer Betriebswirtin jetzt schon mit dem Architekten Werner, 50, zusammen, seit drei Jahren sind die beiden verheiratet und haben gemeinsam einen Sohn. Dass es ihr so wie ihren beiden Vorgängerinnen ergehen und Werner sich ein viertes Mal für eine noch jüngere Frau entscheiden könnte, das beunruhigt Tina nicht. »Ich kann mir überhaupt nicht vorstellen, dass er noch einmal auf der Suche nach einer Jüngeren ist. Da bringe ich ihm schon genug Herausforderung und Berührungspunkte mit einer anderen Generation mit in unsere Beziehung. Eigentlich muss er mehr Angst haben, dass er mir irgendwann zu alt und gemächlich werden könnte.«

Zweite Frauen haben tatsächlich gute Gründe zur Gelassenheit. Natürlich bleibt immer ein Restrisiko, dass die Partner sich voneinander entfernen und miteinander irgendwann nicht mehr viel anfangen können: Aber das ist in Zweitehen und -beziehungen in aller Regel nicht größer als in jeder anderen Beziehung auch. Und hat wenig damit zu tun, ob er ein bestimmtes Muster wiederholt, sondern vor allem damit, wie Sie beide Ihre Beziehung gestalten und ob es Ihnen gelingt, an ihr zu arbeiten und sie weiterzuentwickeln. Dann spricht vieles dafür, dass es diesmal wirklich klappt.

Gut möglich, dass Sie genau die Richtige sind, auf die er schon immer gewartet hat, und dass er sich einfach nur beim ersten Mal geirrt hat.
Die Chancen für ein dauerhaftes Glück im zweiten Anlauf stehen gar nicht schlecht. Denn schließlich gehen viele Gebrauchtmänner den zweiten Beziehungs- oder Eheversuch viel überlegter und reflektierter an als den ersten.

Keine Angst vor Veränderung

Von der für Sie ohnehin nicht verifizierbaren Vorstellung, dass Ihr Gebrauchtmann eventuell auch Sie eines Tages zur Ex machen könnte, sollten Sie sich jedenfalls nicht beunruhigen lassen. Am sichersten werden Sie sich dann fühlen, wenn Sie die unangenehmen und vermeidbaren Folgerisiken einer Trennung – einmal abgesehen vom kaum vorzubeugenden gebrochenen Herzen – möglichst gering halten. Ein besonders wichtiges Element dabei ist, dass Sie sich bei aller Begeisterung für Ihren Mann und aller Sicherheit, dass Sie mit ihm den Rest Ihres Lebens verbringen werden, Ihre Unabhängigkeit bewahren. Verzichten Sie nicht auf Ihre eigenen Interessen und Ihren eigenen Freundeskreis und achten Sie darauf, auch finanziell auf eigenen Beinen zu stehen. Das macht zwar die Vorstellung einer Trennung nicht angenehmer, aber hilft ihre Konsequenzen leichter zu ertragen.
Und sollten Sie eines Tages tatsächlich zum Ergebnis kommen, dass Ihr Partner gerade den Sprung zu einer Neuen vorbereitet, sind Sie jedenfalls für eine kleine Portion Rache ausreichend gewappnet. Schließlich wissen Sie es aus leidvoller Erfahrung am allerbesten, wie frau ihrer Nachfolgerin das Leben wirklich zur Hölle machen kann.

GLÜCKLICH MIT GEBRAUCHTMÄNNERN: VON DEN VORTEILEN, DIE ZWEITE ZU SEIN

Es gibt wirklich einfachere Dinge, als das Leben an der Seite eines Gebrauchtmannes zu verbringen. Es gibt Entspannenderes, als ständig mit den personifizierten Schatten seiner Vergangenheit konfrontiert zu sein. Es gibt Lustigeres, als den Intrigen und Störmanövern einer tief gekränkten und entsprechend furiosen Ex ausgesetzt zu sein. Es gibt Angenehmeres, als den Alltag nach Kindern auszurichten, die nicht die eigenen sind und die einer alles andere als sympathisierend entgegentreten. Es gibt Bequemeres, als von Freunden und Verwandten des Partners skeptisch beäugt und als unmoralische Ehebrecherin abgetan zu werden. Und es gibt Lukrativeres, als einen geschiedenen Vater dabei zu unterstützen, den beträchtlichen monatlichen Unterhalt für Ex und Kinder immer pünktlich abzuliefern.

Und doch sind sich trotz aller Hürden und Stolpersteine viele zweite Frauen ebenso sicher wie ich: Wir würden es wieder tun. Denn es hat auch eine Menge Vorteile, eine Zweite zu sein.

Häufig haben Secondhand-Männer aus den Erfahrungen der Vergangenheit gelernt. Sie leben die neue Beziehung viel aufmerksamer und engagierter, um nicht noch einmal ein Scheitern zu provozieren. Genießen Sie es und machen Sie das Beste daraus, dass geschiedene Männer sehr oft viel mehr bereit sind, zuzuhören und an Beziehungs- und Familienproblemen zu arbeiten, als Männer aus erster Hand. Ihre Erfahrung in der ersten Ehe und rund um die Scheidung haben für die Einsicht gesorgt, dass man geglückte Beziehungen nicht für gegeben nehmen kann, sondern an ihnen auch arbeiten muss. Für die zweite Ehe haben sie sich sehr viel bewusster und überlegter entschieden als für die erste und wollen daher auch, dass sie funktioniert.

Nicht zu unterschätzen ist die Tatsache, dass viele Gebrauchtmänner, wenn sie den Neustart wagen, oft nicht mehr ganz jung sind und professionell schon einiges erreicht haben. Wenn sie die Anstrengungen der großen Karrieresprünge bereits hinter sich haben, tun sie sich nicht nur leichter als viele jüngere Männer mit dem beruflichen Engagement ihrer Partnerinnen. Sie sind häufig auch gelassener und bereit, mehr Zeit in das Beziehungsleben zu investieren. Und wenn es gemeinsame Kinder gibt, stehen sie schon deshalb meist als viel engagiertere Väter zur Verfügung.
Wieder verheiratete Männer haben meist auch andere Erwartungen an die Beziehung als Männer, die zum ersten Mal heiraten. Sie erwarten mehr Gleichberechtigung, mehr emotionalen Austausch und ein gemeinsames Anpacken der Probleme, unabhängig von geschlechtsspezifischen Rollen. Damit eröffnen Zweitehen auch die Chance, traditionelle Rollenverteilungen zu durchbrechen, die für Secondhand-Männer und ihre zweiten Frauen kein taugliches Modell mehr abgeben. Weil Männer aus dem Scheitern der ersten Beziehung gelernt haben, bekommen zweite Frauen von ihrem Partner oft, worum die ersten sich unter Umständen vergeblich bemüht haben: mehr Aufmerksamkeit, mehr Kompromissbereitschaft und mehr Offenheit dafür, aktiv für die Beziehung und ihre Weiterentwicklung etwas zu tun. Ein Secondhand-Mann ist oft ein gebranntes Kind. Und schon wegen seiner leidvollen Vorgeschichte ist er besonders dankbar für all das, was er an Ihnen hat.
Halten Sie sich all diese Vorteile vor Augen, die das Leben mit Gebrauchtmännern mit sich bringt, wenn Sie wieder einmal damit hadern, dass das Schicksal es mit Ihnen als Zweite nicht gut meint. Und halten Sie sich auch an eine Erfahrung, die viele lang gediente »Second Wives« gemacht haben: Es lohnt sich, durchzuhalten. Die ersten paar Jahre sind die schwierigsten, mit der Zeit entschärft sich vieles. Irgendwann hat auch die aufgebrachteste Ex den Trennungsschmerz überwunden, irgendwann nimmt auch die skeptischste Familie Sie als die Frau in seinem Leben zur Kenntnis. Und irgendwann haben Sie ausreichend Routine im Umgang mit den vielen losen Enden entwickelt, sind selbstsicherer und agieren mit mehr Souveränität. Spätestens dann haben Sie auch die Gelassenheit, die Vorzüge von Secondhand-Männern so richtig zu genießen und an ihrer Seite glücklich zu werden.

Viel Erfolg also!

WO ES RAT UND HILFE GIBT

Österreich

Selbsthilfegruppe für Stiefmütter
Gertraud Balzer
1140 Wien, Hernstorferstraße 7/2
Tel.: 01/924 07 41 E-Mail: inter@chello.at

Familienservice des Bundesministeriums für Soziale Sicherheit und Generationen
Kostenlose Servicenummer: 0800/24 02 62
Tipps und Hilfe im Internet: www.bmsg.gv.at/bmsg/familie.htm

Bundesministerium für Justiz
Unter der Nummer der Auskunftsstelle des Ministeriums können Sie erfahren, wann und wo Sie in einzelnen Gerichten unentgeltliche Rechtsauskunft bekommen können: 01/526 36 86
In Wien gibt es bei allen Bezirksgerichten an den so genannten Amtstagen (Dienstag und Freitag von 8 bis 12 Uhr) kostenlose Rechtsauskünfte.

Second Wives Club – Infostelle Zweite Frau
1090 Wien, Thurngasse 8/16
Tel: 0669/10 56 30 96

Deutschland

Bundesarbeitsgemeinschaft für Beratung bei Familienkrisen, Trennung und Scheidung / Intakte Elternschaft trotz Trennung und Scheidung
81541 München, Germersheimer Straße 26
Tel.: 089/49 64 11
E-Mail: iete-muenchen@t-online.de

Bundesarbeitsgemeinschaft Selbsthilfegruppen Stieffamilien
65821 Bad Soden, Sulzenbacherstraße 15–21
Tel.: 061 96/64 15 03

Selbsthilfegruppe für Stieffamilien
c/o Selbsthilfezentrum
80335 München, Bayerstraße 77a
Tel.: 089/34 38 84

Interessenverband Unterhalt und Familienrecht
90119 Nürnberg, Bauvereinstraße 30
Tel.: 0911/55 04 78
Fax: 0911/53 30 74

Internet

Forum: Der gebrauchter Mann
http://www.brigitte.de

ZweitFrauen Forum
http://willkommen-im-internet.de/zweitfrauen/index1.htm

The Second Wives Club
http://www.secondwivesclub.com
susan@secondwivesclub.com
swclub@ican.net

Second Wives Crusade
http://secondwives.org

American Coalition for Fathers & Children
http://www.acfc.org

CoMamas Association
http://www.comamas.com

Stepmothers online
http://www.stepmothers.org